AJA ANTES QUE SEJA TARDE!

MARCELO SMARRITO
Venture Builder e Digital Advisor

AJA ANTES QUE SEJA TARDE!

**DESAFIOS DIGITAIS 3.0:
DA LEAN STARTUP
ÀS BIG CORPS**

ALTA BOOKS
E D I T O R A
Rio de Janeiro, 2023

Aja Antes que Seja Tarde

Copyright © 2023 da Starlin Alta Editora e Consultoria Eireli.
ISBN: 978-85-508-1876-4

Impresso no Brasil — 1ª Edição, 2023 — Edição revisada conforme o Acordo Ortográfico da Língua Portuguesa de 2009.

Todos os direitos estão reservados e protegidos por Lei. Nenhuma parte deste livro, sem autorização prévia por escrito da editora, poderá ser reproduzida ou transmitida. A violação dos Direitos Autorais é crime estabelecido na Lei nº 9.610/98 e com punição de acordo com o artigo 184 do Código Penal.

A editora não se responsabiliza pelo conteúdo da obra, formulada exclusivamente pelo(s) autor(es).

Marcas Registradas: Todos os termos mencionados e reconhecidos como Marca Registrada e/ou Comercial são de responsabilidade de seus proprietários. A editora informa não estar associada a nenhum produto e/ou fornecedor apresentado no livro.

Erratas e arquivos de apoio: No site da editora relatamos, com a devida correção, qualquer erro encontrado em nossos livros, bem como disponibilizamos arquivos de apoio e aplicáveis à obra em questão.

Acesse o site www.altabooks.com.br e procure pelo título do livro desejado para ter acesso às erratas, aos arquivos de apoio e/ou a outros conteúdos aplicáveis à obra.

Suporte Técnico: A obra é comercializada na forma em que está, sem direito a suporte técnico ou orientação pessoal/exclusiva ao leitor.

A editora não se responsabiliza pela manutenção, atualização e idioma dos sites referidos pelos autores nesta obra.

Dados Internacionais de Catalogação na Publicação (CIP) de acordo com ISBD

S421a Smarrito, Marcelo
Aja antes que seja tarde: desafios digitais 3.0: das Lean Startups às Big Corps / Marcelo Smarrito. - Rio de Janeiro : Alta Books, 2022.
208 p. ; 16cm x 23cm.

Inclui índice.
ISBN: 978-85-508-1876-4

1. Administração de empresas. 2. Tecnologia. 3. Bitcoin. I. Título.

2022-2443
CDD 658
CDU 65

Elaborado por Vagner Rodolfo da Silva - CRB-8/9410

Índice para catálogo sistemático:
1. Administração de empresas 658
2. Administração de empresas 65

Produção Editorial
Grupo Editorial Alta Books

Diretor Editorial
Anderson Vieira
anderson.vieira@altabooks.com.br

Editor
José Ruggeri
j.ruggeri@altabooks.com.br

Gerência Comercial
Claudio Lima
claudio@altabooks.com.br

Gerência Marketing
Andréa Guatiello
andrea@altabooks.com.br

Coordenação Comercial
Thiago Biaggi

Coordenação de Eventos
Viviane Paiva
comercial@altabooks.com.br

Coordenação ADM/Finc.
Solange Souza

Coordenação Logística
Waldir Rodrigues

Gestão de Pessoas
Jairo Araújo

Direitos Autorais
Raquel Porto
rights@altabooks.com.br

Assistentes da Obra
Ana Clara Tambasco
Erick Brandão

Produtores Editoriais
Illysabelle Trajano
Maria de Lourdes Borges
Thales Silva
Thiê Alves
Luciano Cunha
Paulo Gomes

Equipe Comercial
Adenir Gomes
Ana Carolina Marinho
Ana Claudia Lima
Daiana Costa
Everson Sete
Kaique Luiz
Luana Santos
Maira Conceição
Natasha Sales

Equipe Editorial
Andreza Moraes
Arthur Candreva
Beatriz de Assis
Beatriz Frohe

Betânia Santos
Brenda Rodrigues
Caroline David
Elton Manhães
Fernanda Teixeira
Gabriela Paiva
Henrique Waldez
Karolayne Alves
Kelry Oliveira
Lorrahn Candido
Luana Maura
Marcelli Ferreira
Mariana Portugal
Matheus Mello
Milena Soares
Patricia Silvestre
Viviane Corrêa
Yasmin Sayonara

Marketing Editorial
Amanda Mucci
Guilherme Nunes
Livia Carvalho
Pedro Guimarães
Thiago Brito

Atuaram na edição desta obra:

Revisão Gramatical
Ana Mota
André Cavanha

Diagramação
Joyce Matos

Capa
Erick Brandão

Editora afiliada à:

ASSOCIADO
Câmara Brasileira do Livro

ALTA BOOKS
GRUPO EDITORIAL

Rua Viúva Cláudio, 291 — Bairro Industrial do Jacaré
CEP: 20.970-031 — Rio de Janeiro (RJ)
Tels.: (21) 3278-8069 / 3278-8419
www.altabooks.com.br — altabooks@altabooks.com.br
Ouvidoria: ouvidoria@altabooks.com.br

AGRADECIMENTOS

À minha esposa, Roberta, sócia de vida, mulher e amiga.

Às minhas filhas, Bettina e Maria Eduarda, meus maiores orgulhos e a verdadeira razão do meu viver.

Aos meus pais, Marilia Carneiro, Carmino Smarrito (falecido em 2021) e Hélcio Carneiro, por estarem sempre ao meu lado.

Ao meu amigo, guru e mentor, Luiz Carlos Urquiza, a quem devo grande respeito e minha eterna admiração.

À Carolina Palhares, da Razzah Publishers, que me ajudou a trazer este livro à vida.

Ao meu amigo, sócio e irmão que a vida me presenteou nesses anos de cumplicidade empresarial, Marcelo Zalcberg.

E, por fim, a todos que me ajudaram e apoiaram, direta ou indiretamente, na realização deste livro, na minha jornada profissional e na minha vida pessoal.

SUMÁRIO

Introdução

1

CAPÍTULO 1

Os Caminhos que nos Trouxeram até Aqui

7

CAPÍTULO 2

Smarrito *life to date* — Como um perfil mais generalista
se encaixa perfeitamente nessa nova jornada?

15

CAPÍTULO 3

Tecnologia

31

CAPÍTULO 4

Design Thinking

53

CAPÍTULO 5

Pessoas e lifelong learning — Dois temas que nunca saem de moda

67

CAPÍTULO 6

Fintechs *versus* traditional banks

83

CAPÍTULO 7

Fitnesstechs

95

CAPÍTULO 8

Inovação no Sistema Unimed —
Surge a primeira Insurtech Brasileira

111

CAPÍTULO 9

Inovação Digital na Saúde — A Última Milha que Faltava

125

CAPÍTULO 10

Mulheres que fazem a diferença — Elas são superpoderosas

143

CAPÍTULO 11

A força do terceiro setor

161

CAPÍTULO 12

Os Dez Hábitos do Futuro —
Como fazer para se destacar em meio aos demais

175

Sobre o autor

193

Índice

195

INTRODUÇÃO

Exatos dezesseis anos atrás, em 2006, escrevi meu primeiro livro, *Desmistificando a Bolsa de Valores*, que seria lançado um ano mais tarde. Eu estava em uma fase importante da minha vida, embora completamente diferente. Além da minha primeira experiência como autor, outro evento era responsável por me causar ainda mais empolgação: o nascimento da minha filha.

Hoje, dezesseis anos mais tarde, resolvi voltar a escrever. O mercado financeiro não é mais o mesmo desde o lançamento de *Desmistificando a Bolsa de Valores*, embora o livro contenha diversas lições fundamentais para qualquer um que pretenda investir na bolsa. De maneira análoga, minha vida também não é mais a mesma. Eu não sou mais o mesmo.

Olho para minha filha hoje, com seus dezesseis anos, e me lembro de quando tinha a idade dela. Lembro dos meus tempos de adolescência e vejo o quanto tudo parece diferente. Como o mundo mudou.

Observando enquanto ela troca mensagens pelo smartphone, minha memória resgata a lembrança das histórias que meus pais contavam a respeito de sua vida e época. Os dilemas de sua juventude eram tão parecidos com os da minha adolescência. Já os da minha menina são completamente diferentes.

Mas a entendo. Não há como um jovem nascido depois da virada do milênio ter as mesmas preocupações que as gerações anteriores tiveram. Na verdade, o mundo não mudou. Ele virou completamente de ponta-cabeça.

Essas mudanças aconteceram em uma velocidade impressionante — fato que ainda deixa as gerações anteriores espantadas. Entretanto, quer gostemos ou não, a velocidade dessas mudanças parece aumentar em um ritmo cada vez mais impressionante.

Ao longo dessa jornada de transformação, o mundo mudou completamente sob os mais diferentes aspectos, sejam eles tecnológicos, sociais, organizacionais ou mesmo pessoais. Hoje, vivemos em uma realidade completamente dinâmica, instável e evolutiva. Quem ficar esperando para ver o que vai acontecer corre imenso risco de ficar para trás.

O mercado financeiro virou um mercado tecnológico. O setor alimentício também. A saúde, idem. Isso para não falar das maiores empresas de tecnologia em si, que simplesmente não existiam décadas atrás. Todos os mercados passaram a ser mercados tecnológicos.

Não sob o ponto de vista das operações, mas em decorrência das reviravoltas tecnológicas como os NFTs, o Bitcoin (dentre outras moedas digitais) e a própria tecnologia *blockchain* como descentralizadora de um processo que viabilizou a criação de corretoras que operam sem regulamentação e, ainda assim, oferecem segurança, movimentando bilhões em um mercado global, não regulamentado, aberto 24 horas por dia.

Outro grande exemplo são as *digital wallets*. Meus pais jamais sonharam em viver em um mundo em que o dinheiro é digital em vez de ser de papel. Eu, por outro lado, entendi que esse seria o futuro das fintechs, investindo pesado no PicPay, primeira *digital wallet* do Brasil, antes mesmo que o Banco Central regulamentasse esse tipo de empresa.

Toda essa transformação aconteceu em uma velocidade surpreendente, quase inacreditável.

Em certo momento da minha vida, resolvi ressignificar meu *modus operandi*. Senti que meu potencial poderia ir muito além dos investimentos e do mercado financeiro, puramente baseado na análise de dados e gráficos. Com meu amigo e sócio, Marcelo Zalcberg, fui traçando uma jornada com diversas iniciativas bem-sucedidas.

Essa nova jornada se consolidou de 2016 em diante, quando fui convidado a participar como conselheiro de inovação da Seguros Unimed. Sinto-me honrado por minha contribuição ter ajudado o maior sistema de saúde do mundo a atravessar, com sucesso, da era da prestação de serviços para a era da informação e da transformação digital.

Assim também aconteceu com a Academia Foguete, uma *fitnesstech* que é hoje a maior academia online ao vivo do mundo e diversos outros *cases* de sucesso, muitos deles apresentados em detalhes neste livro, dos quais me sinto lisonjeado por ter tido a chance de participar ativamente.

Mais tarde, em 2020, decidi fazer uma viagem à África, durante a qual comecei a planejar este livro, cujo objetivo é inspirar as startups e acordar as *big companies* para o novo mundo que abre suas portas para nós. O caminho para se tornarem gigantes do mercado passa, indiscutivelmente, pelas parcerias que devem ser formadas entre elas.

De um lado, as *big companies* emprestam às startups faturamento, consistência e legado. Do outro, as startups emprestam às *big companies* agilidade, processos *lean* e o dinamismo que o mercado digital exige.

Em meio a esse cenário já desafiante, eclode a maior crise sanitária da história. Do dia para a noite, fomos obrigados a permanecer em nossas residências enquanto a maior parte dos mercados mundo afora entrava em colapso. Como proceder?

A globalização é imperiosa. A pandemia forçou alguns aprendizados que já não era mais possíveis de serem adiados. Basta um clique para ter acesso ao hemisfério oposto do globo. Um vírus do outro lado do mundo tem potencial para impactar fortemente todos os países. Uma guerra a continentes de distância não ameaça apenas as nações do entorno, mas todo o cenário global.

Qualquer semelhança com a realidade não é coincidência. Há quem diga que é possível escapar, remar no sentido contrário ao da correnteza. Muitos ainda acreditam que o universo digital é questão de escolha ou mesmo que a globalização pode ser evitada. Contudo as evidências nos mostram que é tolice fugir do inevitável.

O mundo mudou e vai continuar mudando. Os desafios de outrora não refletem mais a realidade de hoje, tampouco serão as questões de amanhã. Nossa tarefa não é mudar o sentido das águas, mas aprender a navegar no oceano do desconhecido, do improvável e, acima de tudo, do inesperado.

**Conheça mais sobre o autor
visitando as plataformas digitais:**

www.smarrito.com.br
@smarrito.oficial

Os Caminhos que nos Trouxeram até Aqui

O ano é 1970. Corretores de toda a Wall Street se reúnem em um dos famosos pregões para negociar ações. Aos berros, emitem ordens de compra e venda na esperança de que seu poder de compra seja ampliado em função do tempo. Quem vende estipula que o preço das ações cairá, enquanto quem compra presume o contrário.

Não é à toa que as pessoas chamam Nova York de "selva de pedra". Assim como ela, milhares de outras metrópoles recebem o mesmo apelido. A metáfora descreve bem o comportamento dos indivíduos que a constituem e a configuração de seu *habitat*. Como na selva, tudo é uma questão de sobrevivência.

A bolsa de valores ilustra de maneira bastante elucidativa a trajetória da humanidade durante os últimos cem anos. Saímos das fábricas e campos para integrar um outro tipo de ambiente de trabalho: o digital. Esse, diferentemente dos anteriores, permite rotinas completamente diferentes e arranjos de vida até então inusitados.

Hoje, morar longe já não é um problema tão significativo quanto foi há algumas décadas, pois grande parte das atividades necessárias ao funcionamento de uma organização, seja de pequeno ou grande porte, já não exige que você esteja no escritório ou lugar de trabalho. Há alguns anos, quem diria que o home office seria a realidade de um futuro tão próximo?

Bem, para responder a essa pergunta, basta imaginar um alpinista iniciante que decide logo de cara enfrentar o Everest. É fato que, até mesmo para um iniciante, a diferença entre uma pequena montanha e um dos cumes mais altos do mundo fica bem mais nítida do que o abismo que separa os grandes especuladores financeiros dos iniciantes. A chave da questão está exatamente aí, na distância, no caminho que leva ao sucesso.

Adquirir uma habilidade exige esforço, dedicação e foco — e nos mercados financeiros não é diferente. Esse exemplo serve para ilustrar a grande transformação digital a que o mundo foi submetido durante a era da indústria 4.0, na qual ainda estamos. A quantidade de inovações tecnológicas que surgiu nas últimas décadas mudou drasticamente a maneira como vivemos, afetando todas as esferas de nossas vidas.

Veja, por exemplo, o que aconteceu com nossos velhos despertadores. Você ia à loja, escolhia um modelo e a cor de que mais gostasse. Hoje, eles estão praticamente extintos, não é mesmo? Todos foram substituídos por um aplicativo no smartphone.

Existia, há alguns anos, um aparelho chamado calculadora, você se lembra? Se você nasceu a partir dos anos 2000, nunca deve ter visto uma, a menos que trabalhe no mercado financeiro. Bem, elas foram, em geral, substituídas por um aplicativo.

Agora, você se lembra da agenda? Digital, não, da agenda física. Aquela que costumava vir com uma capa de couro bem elegante e bordas douradas. Já são pouquíssimas as pessoas que usam um modelo como esse hoje em dia. O que aconteceu com ela? Foi substituída por um aplicativo. Relógios de pulso convencionais, idem.

Quanto tempo ainda falta até que nossa consciência seja substituída por um aplicativo que reduz o desafio de pensar a um ou dois cliques? Será que isso já não está acontecendo? Lembre-se da última vez em que você tomou uma decisão de compra, por exemplo. Você foi influenciado por algum anúncio em uma rede social?

Essa grande quantidade de informação a que somos expostos exige readaptação constante. O que era considerado novidade alguns meses atrás já caminha para ser considerado obsoleto. Mudar deixou de ser algo esporádico e passou a integrar nosso cotidiano. Em um ritmo cada vez mais acelerado, as inovações tecnológicas surgem trazendo facilidades e o grande desafio de ter que se readaptar em tempo recorde.

No universo corporativo, essa necessidade faz-se ainda mais essencial. Se antes o posicionamento adequado de uma empresa em relação ao mercado era uma questão de diferencial, hoje é questão de sobrevivência. Temas como inovação e criatividade deixaram de ser tópicos das startups e passaram a integrar o planejamento também das big companies. Para uma empresa que tenha como objetivo obter sucesso e preservar sua presença em um mercado cada vez mais competitivo, esses temas passam a ser determinantes. Enganam-se os gestores que acreditam que os desafios ainda estão por vir, pois estes já são parte do cotidiano de toda organização.

Esse cenário oferece um dos maiores desafios que as grandes empresas já precisaram enfrentar para sobreviver no século XXI, que é comportar-se como startups. Assim, é comum que os próprios gestores se encontrem perdidos nesse universo de constante inovação. Apesar dos bilhões em receita e dos milhões de clientes, hoje, uma grande dúvida assola os tradicionais CEOs de empresas de tijolo e argamassa (brick-and-mortar), que consiste em simplesmente como proceder no cotidiano. Assim, uma startup, com muito pouco a perder, teoricamente tudo pode. Já a big company, além do legado cultural e tecnológico de quem sobreviveu, precisa, no mínimo, respeitar sua base de clientes. Dessa forma, quem quiser continuar no mercado precisará se adaptar e, para tal, precisará de ferramentas além de suas tradicionais armas corporativas.

A fórmula para o sucesso profissional, que consistia em se formar em uma boa faculdade e buscar experiências no mercado através das grandes empresas, hoje se encontra mais complexa de resolver, pois a quantidade de variáveis aumentou. Com a tecnologia proporcionando grandes inovações a uma frequência cada vez maior, o aprendizado deixou de ser algo pontual para se tornar perene.

Alguns estudos apontam que algumas das matérias e habilidades aprendidas no primeiro ano de um curso de nível superior já ficam obsoletas no terceiro ano. Parece loucura, mas é verdade. Isso não significa que uma faculdade não serve para capacitar, muito pelo contrário. A diferença é que hoje existe uma necessidade urgente de profissionais mais práticos, que resolvam problemas de maneira criativa.

Esse fenômeno deu origem a outro conceito determinante dessa jornada rumo ao sucesso, que é o *lifelong learning*. Como o ritmo das mudanças é cada vez mais acelerado, é fundamental que o profissional do futuro entenda não apenas como aprender mais rápido, mas também como desaprender para reaprender.

Olhe à sua volta e veja a quantidade de pessoas conectadas aos seus smartphones, tablets, notebooks etc., e lembre-se de que cada um deles está abarrotado de aplicativos com as mais diversas finalidades: organizadores de tarefas, redes sociais, jogos, cursos. A lista é infindável. Somos bombardeados, diariamente e a todo instante, com conteúdos sobre os mais diversos temas. Com tanta informação, certamente torna-se um desafio distinguir o que é importante daquilo que não é.

A oferta de produtos é tão grande e o tempo para os consumir, tão curto. Um dia tem apenas 24h e, mesmo ao nos deitar, é comum que nossa mente esteja ainda agarrada às tarefas do dia que passou ou aos objetivos ainda não concluídos do dia seguinte. Você mesmo, quantas vezes se lembra de ter repousado a cabeça sobre o travesseiro e se perguntado: "será que eu deixei alguma coisa importante passar?".

O FOMO (fear of missing out) não afeta só você, mas a milhões de pessoas pelo planeta. Talvez, pela primeira vez na história, temos a sensação de que mais seja menos, e não o contrário. Você vai à praça de alimentação de um shopping center e, com tantas opções, sente-se perdido, o que tende para um dos dois extremos: a perda do apetite ou a vontade de devorar tudo. O mesmo acontece com o conteúdo nas redes sociais.

É irônico pensarmos que a obesidade hoje mata mais do que a fome. Pecamos muito mais pelo excesso do que pela carência. Mas não se sinta sozinho, porque, afinal, você não está.

Acompanhar toda essa informação e as transformações cada vez mais frequentes certamente é um dos maiores desafios que a humanidade já enfrentou. Olhamos à frente e vemos uma névoa de incertezas que paira pelo horizonte, sem conseguirmos distinguir o caminho que nos levará aonde desejamos.

Até nosso conhecimento de aonde queremos chegar fica um pouco turvo na configuração atual, mais uma vez pela quantidade de informação. São múltiplas as alternativas, fazendo com que até mesmo as decisões mais simples pareçam verdadeiros dilemas da vida.

O segredo para uma jornada de valor é buscar o equilíbrio e entender que a melhor alternativa é buscar o autoconhecimento, visto que nosso caminho muito provavelmente mudará. Se você entender quem é (outro aprendizado para a vida toda) será mais fácil tomar decisões e fazer escolhas, das mais simples às mais complexas.

Sociedade, empresas, pessoas. Esse é o tripé que sustenta o futuro. Nós, como indivíduos, constituímos a sociedade, com suas virtudes e mazelas. As empresas, por sua vez, formam um elo entre nós, reconfigurando nossas rotinas, nossos objetivos e sonhos.

O que podemos aguardar é, certamente, o incerto. Devemos nos preparar para um futuro surpreendente, inusitado e imprevisível.

O ano é 2020. Milhões de pessoas se arriscam nas plataformas digitais de corretoras e home brokers com o mesmo objetivo dos executivos do exemplo de cinquenta anos atrás: ampliar seu poder de compra no tempo. Alguns prosperam, outros fracassam. Por quê?

CAPÍTULO 2

Smarrito *life to date* – Como um perfil mais generalista se encaixa perfeitamente nessa nova jornada?

"As empresas que esperarem o futuro para se reinventar ficarão a ver navios."

— MARCELO SMARRITO,
conselheiro administrativo, consultor estratégico e sócio fundador da M2Digital

Muita gente ainda duvida que o progresso seja, de fato, uma questão de dedicação e afinco. Bem, apesar de determinante, a dedicação não é tudo. Uma soma incalculável de fatores colabora para que um projeto seja bem-sucedido ou fracasse completamente. Assim, como distinguir os fatores aleatórios daquilo que conseguimos planejar para conquistar os resultados almejados.

Enquanto você esperar por uma resposta, estará no caminho errado. Parece incoerente, mas é a atitude mais lógica a se considerar. As falhas são inerentes a todos os processos, e não há como ser diferente. Duas atitudes são essenciais ao lidar com o fracasso. A primeira é não deixar que ele o paralise, pelo menos não por muito tempo. A segunda é conseguir levar um aprendizado da experiência.

Você vai fracassar, não tente fugir disso. A chave da questão é como você encara a frustração de ter seus planos desviados do curso que projetou para eles. O empreendedor do século XXI é mais ou menos como um piloto de motocross que não teve a oportunidade de treinar na pista antes do campeonato. Você arrisca uma manobra que acredita que o deixará à frente dos concorrentes quando, de repente, é surpreendido por algumas irregularidades no terreno e precisa se virar com as habilidades que tem a tempo de não se chocar contra o chão e colocar tudo a perder.

O foco deve ser pontuar a cada manobra em vez de deter o controle sobre o trajeto. Quando você der a primeira volta na pista e se sentir inundado pela sensação de que agora conhece os pontos em que pode obter vantagem, surge um novo obstáculo que o obriga a se reinventar. E agora?

Foco. Olhe para frente, nunca para trás. Abra sua mente. Acreditar que é possível conhecer todas as curvas é pura ilusão.

Com os detalhes da pista mudando a todo momento e os desafios aumentando em um ritmo impressionante, as capacitações e formações específicas, apesar de ainda terem seu valor, já não são o diferencial. Em função desse cenário altamente dinâmico e imprevisível, o diferencial reside na criatividade. Hoje, o profissional que se destaca é aquele capaz de se reinventar a cada novo declive e desvio que aparece de surpresa pelo caminho.

Smarrito, desde muito jovem, já sonhava com grandes realizações e conquistas. Contudo ainda não sabia que caminho o levaria aonde queria chegar. Muitas opções vagavam por sua mente, mas a falta de experiência em função da idade que tinha o deixava confuso.

O professor explica, mas o jovem tem dificuldade em prestar atenção ao conteúdo. Era outra matéria que ficaria para a lista de revisão de última hora. Sonhos brotavam, mas as notas sugeriam que muito ainda havia entre o planejamento e a realização.

Sua história tem início no Liceu Franco Brasileiro, uma escola carioca diferenciada, com alunos dos mais altos padrões da sociedade. Filho de pais separados em uma época em que o divórcio não era encarado com as mesmas facilidades que hoje em dia, a vida o obriga a seguir em frente. O Franco Brasileiro se tornara caro e já não faria parte daquela trajetória.

A solução então era buscar outras formações, que possibilitassem oportunidades de emprego mais imediatas, pois não havia tempo para uma formação que não tivesse como foco o resultado. Dentre as opções, a escola técnica parecia interessante.

Eletrônica, elétrica, mecânica e eletrotécnica eram algumas das profissões de destaque à época em que o Brasil ainda vivia os resquícios do famoso *slogan* de Juscelino Kubitschek — "Cinquenta anos em cinco". O país continuava abrindo as portas para uma indústria em crescimento que apontava um futuro promissor no setor. Qualquer uma dessas áreas certamente ofereceria boas oportunidades de emprego e perspectivas de crescimento. Foi a era da tão falada "estabilidade profissional".

Contudo a Escola Nacional de Ciências e Estatísticas (ENCE) pareceu mais interessante por também oferecer graduação de nível superior. Era uma possibilidade. Tratava-se da maior instituição educacional de estatística, geodesia, cartografia e processamento de dados que o Brasil tinha. Mas ainda era cedo para pensar em faculdade.

A experiência com os números logo indicou o forte interesse pelas ciências exatas. A sinceridade e clareza dos números apontavam os primeiros caminhos a seguir e a ideia de cursar o nível superior continuava entre os principais planos de Smarrito.

Mas havia ainda o vestibular, que exige bastante preparo e estudo. Assim, depois de dois anos na ENCE, era necessário abrir o leque de opções. Uma das alternativas seria retornar à escola particular, mas dessa vez o colégio Impacto, que preparava seus alunos para os exames dos vestibulares mais difíceis do Brasil, foi a opção escolhida.

Vontade, muita. Vagas, poucas. Como quase tudo na vida, o que é bom é escasso, porque todos querem o que é bom, todos querem ganhar. As turmas se dividiam entre preparatórios para o ITA (Instituto Tecnológico da Aeronáutica), IME (Instituto Militar de Engenharia) entre outros diversos preparatórios para os exames mais exigentes do país. As mensalidades, por sua vez, eram altas, e o dinheiro curto. Restava então a alternativa de tentar uma bolsa.

Smarrito entra em contato com os gestores do curso, buscando uma oportunidade de ingressar na escola gratuitamente. Após algumas conversas, Smarrito consegue a bolsa.

A partir daí, a rotina de estudos foi ficando cada vez mais extensa. De segunda a sexta, aulas em dois bairros distantes. Aos sábados e domingos, simulados e provas de teste. De uma matéria a outra, o início de uma grande jornada começava a se concretizar.

Em um mundo cada vez mais restrito e competitivo, entender o caminho que leva ao sucesso é um verdadeiro desafio. Somos tomados pela ansiedade e por ela acabamos, muitas vezes, dominados. O tempo é a chave da questão, mas temos dificuldade de enxergar a porta em que devemos entrar.

Muita confusão paira pela mente dos jovens dos dias de hoje. Há tanto a se fazer e tudo parece incerto. Você acorda e tudo parece ter mudado da água para o vinho, da noite para o dia. Assim, fica a dúvida: em que direção seguir?

O conhecimento abre espaços importantes em nossa mente, oferece perspectivas fundamentais para o autodesenvolvimento. À época de Smarrito, a concepção acerca de uma formação ainda tinha um viés bastante engessado, como algo pontual e findável. Poucos eram os visionários naqueles tempos que já conversavam com algumas ideias do que viria a ser o lifelong learning. As necessidades eram diferentes, as perspectivas de vida e futuro também. Assim como valores e crenças, que foram sendo remodelados década após década.

Uma das principais opções de quem sonhava com grandes conquistas eram as universidades públicas. Em sua maioria, essas instituições eram consideradas as melhores do país, com os melhores professores, cursos e formações.

Entenda que se tratava de uma época completamente diferente dos tempos que vivemos hoje. As carreiras eram mais lineares, as alternativas mais simples e nossas perspectivas, mais direcionadas. Era mais fácil manter o foco simplesmente pelo fato de que as coisas que nos eram importantes — como família, formação acadêmica e emprego — concorriam com menos, bem menos, opções frívolas.

Em termos de distração, por exemplo, o pior que poderia acontecer era se distrair com a televisão, que era o aparelho eletrônico mais sedutor da época. Você sabe que precisa estudar para um exame cuja data se aproxima e, de repente, percebe que está sentado em frente ao sofá assistindo algo completamente irrelevante. Depois de alguns minutos enfadonhos, você não suporta mais o fato de estar jogando sua vida fora por tão pouco, e se recusa a continuar com aquilo.

O que acontece hoje é completamente diferente. Esse cenário começou a ser desenhado com o surgimento da internet, durante a década de 1990. No começo, era uma curiosidade no mínimo bastante instigante. Ninguém entendia bem como essa coisa de *world wide web* funcionaria, mas a ideia era legal. Na casa de um amigo ou parente que já havia adquirido um modem para acessar a internet discada (a velocidade na época era de, em média, 56 kbps, basicamente mil vezes menos do que é hoje) você vivia aquela experiência interessante de entrar em contato com o outro lado do mundo através de uma tela, em tempo real.

Daí para frente tudo começou a ficar "internetizado", ou *smart*, como muitos gostam de chamar. *Smart* é uma palavra inglesa que significa "inteligente". Mas será que é mesmo adequado considerar um objeto inteligente meramente por estar conectado à internet? Assim, podemos considerar que o simples fato de estarmos também conectados à internet nos torna inteligentes?

Enquanto você lê essas linhas, veículos elétricos da Tesla transportam toneladas de carga pelos Estados Unidos. Detalhe: sem motorista. Isso mesmo, eles se autoconduzem, dispensando a presença de um ser humano atrás do volante. Quem diria que, já no século XXI, milionários começariam a fazer viagens espaciais de turismo e que, já de largada, três fornecedores estariam homologados para prestar o serviço?

Você já procurou se informar a respeito da automatização da sua profissão? Quando começou, executava tarefas que hoje são realizadas por uma máquina ou um robô automatizado? A forte presença da inteligência artificial é parte inegável de um futuro muito próximo.

Assim, um dos fatores determinantes para manter a presença humana no mercado de trabalho é justamente nos ater àquilo que podemos fazer de melhor, que é sermos humanos. Qualquer habilidade que possa ser automatizada será, não há dúvida. Grande parte das profissões que existe hoje deixará de ser desempenhada por um humano e passará a ser executada por um robô. O que nos resta é aprimorar aquilo em que podemos nos diferenciar deles. Além disso, tenho certeza de que, pelo menos uma vez na vida, você já se sentiu sobrecarregado com uma cobrança que colocou sobre si mesmo. Arrisco dizer ainda que essa cobrança parecia irreal, quase impossível. Tentamos acompanhar o ritmo da contemporaneidade como máquinas, mas fracassamos por uma razão óbvia: não somos máquinas.

Reflita sobre esse conceito de *smart* e pergunte-se o que você tem feito, de fato, com a sua inteligência, com a sua capacidade de tomar decisões. Assim como qualquer ferramenta, devemos usá-la para tornar nossa vida melhor e mais fácil em vez de fazer o contrário. De certa forma, é irônico pensarmos que os smartphones colocaram praticamente todo o conhecimento do mundo na ponta de nossos dedos e que o deixemos escapar por tão pouco. Temos uma amplitude de ferramentas nunca vista na história, mas elas parecem complicar nossa vida em vez de facilitá-la.

Afinal, essa é a finalidade das inovações tecnológicas: tornar as coisas mais acessíveis, não é? Então, por que elas acabam deixando nossa vida tão agitada? Muito é produzido, mas pouco é digerido. Imagine que você vá a um restaurante e, em vez de aproveitar sua refeição, fique pensando nos pratos que não pediu.

Não duvido de que você tenha escolhido um bom lugar para levar sua família e certamente as opções eram sedutoras, mas não há tempo para consumir todos os pratos, certo? Nem espaço no seu estômago. Ainda que você tente, o melhor que vai conseguir é um mal-estar enorme. O mesmo acontece com nossa mente quando ficamos expostos a conteúdo demais: ela não consegue digerir toda a informação que tentamos forçar para dentro.

Agora veja, por exemplo, o que acontece com o trânsito de uma grande cidade. Em termos mais amplos, a mesma estrutura se replica. Você já parou para reparar no fato de que as vias, estradas, avenidas e ruas que construímos para viabilizar nosso deslocamento, na verdade, são as mesmas que causam um dos maiores problemas nesse quesito, que são os engarrafamentos?

Terminamos engarrafados nos caminhos que construímos para nós mesmos. E, sem saber o que fazer, saímos do carro para fitar o horizonte vazio, pois tudo está parado. A sensação é de agitação, mas, na prática, não saímos do lugar.

Considere como exemplo a cidade de São Paulo, em que esse fenômeno costuma se estender por quilômetros. Quilômetros. Há duzentos anos, só havia duas opções: ou você ia a pé ou ia de charrete. Claro que havia ainda a opção de bancar o caubói, o *lonely traveller*, e ir a cavalo, mas considere que usar a charrete não é tão diferente.

Certo, o mundo mudou. Dentro dessa perspectiva de dois séculos, verificamos uma mera substituição dos cavalos por máquinas, que chamamos de carros (ou motos, se você insistir na ideia do *lonely traveller*). Agora reflita um pouco sobre as mudanças no setor de transportes que ocorreram nos últimos cinquenta anos.

Hoje você ainda pode ir de carro, mas existem inúmeras maneiras de fazê-lo: veículo particular, Uber, Cabify, 99, táxi, isso apenas para citar alguns. O mesmo ocorre no transporte público, nos setores alimentício e tecnológico. O leque de opções se abriu e, com ele, o mundo inteiro. E assim também fizeram as instituições educacionais. Ramificadas, passaram a oferecer os mais diversos tipos de formação, dentre eles os cursos técnicos. Mas o foco de Smarrito era mesmo o nível superior e, assim, o jovem seguiu com seus estudos visando à aprovação no vestibular, o que lhe rendeu uma colocação entre as dez melhores performances das Olimpíadas de Matemática enquanto ainda estava no primeiro ano do ensino médio.

Com o suporte adequado da escola técnica de estatística e a mente voltada a um objetivo claro, Smarrito sentia estar no caminho certo. O esforço e a dedicação são atributos naturais quando sabemos o que queremos.

Aprovado na PUC-Rio e na Universidade Federal do Rio de Janeiro, os novos caminhos do jovem o levariam ao curso de engenharia de produção na UFRJ, na Ilha do Fundão. Uma formação mais abrangente é sempre uma alternativa melhor quando existe dúvida sobre que carreira seguir, e o gosto pela matemática já havia sido descoberto.

É importante salientar que vivemos em um mundo de possíveis, não em um mundo de ideais. Saber ponderar, analisar as alternativas, é fundamental para se ter uma visão mais realista do futuro. Ainda que, às vezes, exista dúvida, ficar parado não é uma decisão sábia, sobretudo nos tempos em que vivemos.

Uma rápida pesquisa no Google sobre "guia de carreiras" ou mesmo "profissões do futuro" nos deixa completamente embasbacados. Lá naqueles tempos do Smarrito, o mundo parecia mais simples. Fundamentalmente, você podia escolher entre humanas, exatas e biológicas. Se gostava de ler, optava por alguma carreira da área de humanas, como direito ou administração. Se tinha algum grau de afinidade com os números, provavelmente se daria melhor com engenharia ou física, duas áreas de exatas. E, se tivesse alguma relação mais íntima com as ciências da natureza, biologia talvez fosse uma boa alternativa.

Mas isso acabou. O profissional do futuro não é mais o especialista, mas o generalista. Hoje, uma gama de conhecimentos amplos o deixa mais à frente no mercado do que os vários mestrados e pós-graduações especializados. Valorizava-se muito mais o diploma holístico ao especialista. Hoje, quase tudo é uma questão de prática, de saber resolver os problemas do cotidiano.

Não há nada de errado em querer se especializar. A grande diferença reside na abordagem, em como se encara o desafio de lidar com problemas que conversam com cada vez mais áreas do conhecimento.

Reflita, de maneira geral, sobre as questões ambientais que assolam o planeta. Um sismógrafo nos alerta de que um terremoto está prestes a acontecer e, além de apontar a área que provavelmente será afetada, oferece-nos também a escala de intensidade da catástrofe, conhecida como Escala Richter.

Certo, qual a função de um geólogo (especialista na área) no caso de um terremoto ameaçar atingir uma cidade com cinco mil habitantes? Lembre-se de que a máquina (o sismógrafo) já nos mostrou a situação com uma riqueza de detalhes que um humano sozinho dificilmente conseguiria.

Nessa situação, o geólogo deve voltar sua atenção para esforços de minimização dos efeitos da catástrofe. Quais seriam, então, as alternativas a ser implementadas para salvar a população do lugar? Avisar a todos da catástrofe? Mas como? Por WhatsApp, talvez? E os idosos que não usam celular ou que interpretariam o aviso como *fake news*, invalidando a seriedade do problema e decidindo ficar em casa? E as estradas, possuem infraestrutura suficiente para evacuar cinco mil pessoas rapidamente ou isso causaria um engarrafamento colossal, piorando ainda mais a situação?

Em geral, identificar problemas já não é um desafio em si, mas desenvolver estratégias eficazes para lidar com eles utilizando o mínimo de recursos possível. No caso do terremoto, o perfil de profissional mais adequado para salvar tantas vidas é aquele que tem uma gama de conhecimentos mais ampla, que passe por todas as áreas relacionadas ao problema em questão.

Obviamente, não é possível ser especialista em tudo, não é esse o ponto. A chave está justamente em entender como as diferentes áreas afetadas se relacionam entre si, como seu funcionamento afeta um sistema maior e mais complexo e como fazer para evitar que uma tempestade de neve se transforme em uma avalanche, causando danos ainda maiores.

A próxima aventura do Smarrito seria um estágio no antigo Banco Nacional (o famoso banco que patrocinava o grande destaque brasileiro da Fórmula 1, Ayrton Senna). A oportunidade ofereceu uma ampla experiência no setor bancário, que agregou muito valor ao jovem, sobretudo na etapa da carreira em que estava.

Mas trabalhar em bancos não era a prioridade de Smarrito, que sonhava alto. Assim, Smarrito embarcou em uma nova jornada, que era fazer uma pós-graduação em Marketing Management, na Inglaterra. Ao menos a ideia estava presente, mas ainda havia alguns obstáculos a superar.

O primeiro deles, obviamente, era a distância. Estamos falando de um mundo em que não existia internet. Se você nasceu depois da virada do milênio, deve estar se perguntando como as pessoas conseguiam sobreviver. Não havia e-mail ou WhatsApp, então a comunicação era realizada através de ligações (que custavam os olhos da cara) e cartas, muitas cartas, que levavam semanas para chegar ao destinatário.

Perceba quantas facilidades temos. Hoje, bastaria um clique e alguns minutos para ficar por dentro de todos os trâmites e processos avaliativos. À época, o processo entre a ideia e a execução levou meses, além de um custo bastante elevado. Mas isso não desanimou o jovem Smarrito.

Depois de muitas tentativas de comunicação com a LBS (Liverpool Business School), Smarrito se preparava para a matrícula na instituição. Um ano depois ele estaria formado, com certificado local e uma nova bagagem de conhecimentos para superar ainda mais desafios e ir mais longe.

As oportunidades que se seguiram conduziram Smarrito entre o marketing e o mercado financeiro. De um lado, todo o processo de criação de valor de que uma empresa necessita para se relacionar bem com seus clientes e parceiros. Do outro, a vivência com os dados e o mundo das finanças.

Experiências e ramos de atuação muito diferentes, porém, bastante complementares. De startups às big companies, Smarrito foi abraçando toda oportunidade que aparecia pelo caminho, somando sempre mais aprendizado.

Há quem acredite que experiências em áreas diferentes se anulam quando, na verdade, o efeito é o contrário: elas se somam. É fundamental que um bom profissional capacitado tenha todo o *know-how* da sua área de atuação, mas as experiências em áreas adjacentes colaboram muito para uma visão 360° do cenário e para uma melhor tomada de decisão.

Hoje, uma formação adequada ao mercado de trabalho exige tanto uma boa formação acadêmica quanto a *expertise* adquirida na prática, pois o melhor lugar para se aprender é, de fato, colocando a mão na massa.

As diversas experiências foram abrindo caminhos, mostrando possibilidades e viabilizando projetos, que passam por startups dos mais diversos ramos de atuação e grandes empresas de diversos setores da economia. Sem muito planejar, alternativas foram surgindo e sugerindo rotas alternativas para os fins que Smarrito almejava.

O resto é história. Você verá, nos capítulos a seguir, como essas experiências, aqui brevemente citadas, definiram os caminhos para este eterno aprendiz da vida, precursor e adepto do lifelong learning.

Tecnologia

"O grande desafio das empresas de tecnologia no século XXI é manter seus sistemas de grande porte atualizados, acompanhando a velocidade do próprio negócio."

— ARMANDO BUCHINA,
CEO da UNIO e ex-CEO da Pixeon

Muito no mundo mudou desde que a população majoritária deixou as lavouras para integrar as indústrias e, posteriormente, o terceiro setor. A cada invenção testemunhada pela humanidade, novos hábitos tomam forma, mudando significativamente a maneira como vivemos e nos relacionamos uns com os outros.

Não poderia ser diferente. A natureza do ser humano está, desde a genética, fortemente relacionada à evolução.

Desde a primeira bactéria, percorremos uma jornada de aproximadamente quatro bilhões de anos até adquirir-mos a capacidade de criar coisas e nos reinventar quando necessário.

Chuva? Abrigo. Perigo? Proteção. Problema? Solução. A humanidade nunca foi diferente do que é hoje.

Passamos a mudar cada vez mais rápido na contempo-raneidade. Chegamos a uma época em que acompanhar o ritmo dessas mudanças tornou-se um verdadeiro desafio. O século XVIII, por exemplo, ficou marcado por uma série de transformações até então sem precedentes. Milhões de pessoas deixaram as fazendas para trabalhar nas fábricas que vinham surgindo e definindo uma nova era da huma-nidade: a Revolução Industrial.

Imagine, por exemplo, que você é um alfaiate por volta do ano de 1750. Enquanto a música de Bach preenche os salões das cortes europeias, você costura peças para os ar-tesãos, camponeses e comerciantes locais. Esse é seu ofício, é o que garante o sustento da sua família. Tudo vai indo bem, até que um dia você ouve falar nas tais máquinas de tecelagem, que aumentam a produtividade drasticamente.

Aí, obviamente, vem o medo. Seria ingenuidade não se sentir fortemente ameaçado por essas inovações. Em um dia você está trabalhando em paz quando, de repente, co-meça a ouvir os primeiros rumores sobre as máquinas, que aparentemente fazem tudo melhor e mais rápido. Não há como não se apavorar.

Contudo, lancemos aqui um olhar diferente em relação a essas inovações tecnológicas. Como vimos, elas não são exclusividade de uma época, mas inerentes à história. O período Neolítico deu lugar à Idade dos Metais simplesmente porque disseminou a técnica da confecção de ferramentas feitas de materiais como ferro, cobre e bronze, feitio que, até então, não era comum.

Assim, qual seria a diferença, partindo de uma perspectiva estrutural, entre uma lança feita na pré-história e um smartphone produzido por alguma grande *tech company* do século XXI? Embora muitos milênios afastem uma invenção da outra, ambas constituem meras ferramentas nas mãos de homens com o mesmo objetivo: facilitar suas tarefas cotidianas.

Então, imagine que esse caçador de cinco mil anos atrás não era muito diferente de um *sales manager* nova-iorquino. Reflita: ambos sabem muito bem que precisam executar uma série de tarefas diárias em um horário específico, e ambos estão cientes dos imprevistos que podem impedi-los de serem bem-sucedidos ao longo dessa jornada, seja uma onça ou um engarrafamento.

O que tanto um quanto outro objetivam também não é muito diferente do que qualquer homem em qualquer período da história desejou: realização pessoal e profissional. Queremos nos destacar por fazer algo diferente e melhor do que os outros. Ponto-final.

Em suma, o foco aqui é entendermos que as inovações tecnológicas não são algo a ser temido, mas abraçado. Elas são esperadas, inevitáveis, necessárias. Mais à frente, cerca de três séculos após a Revolução Industrial, as fábricas perdem a força para o setor de serviços, que passam a constituir a maior parte do mercado.

Alguns parágrafos são suficientes para constatarmos que transformação não é um termo pontual, mas uma lei que rege toda a sociedade.

Assim, seria mera ingenuidade acreditar que o mundo contemporâneo estaria desprovido ou mesmo menos propenso a sofrer ou causar transformações. Em meio à era tecnológica que vivemos no século XXI, sobretudo marcada pela grande quantidade de informação a que somos expostos, esse termo deixa de ser uma opção para se tornar um mantra que todos devemos seguir.

Além disso, essas inovações acontecem cada vez mais rápido. Considere que vivemos em um mundo onde a informação acelera a velocidade de tudo. Se precisamos de alguns textos acadêmicos para escrever um artigo, basta pesquisar em alguma ferramenta de busca e, dentro de alguns instantes, temos inúmeras opções. Se desejamos encontrar uma receita para preparar aquele jantar especial, alguns cliques são suficientes para encontrá-la.

Agora perceba que tanto o acadêmico quanto o pai dedicado à família influenciam e são influenciados por essa instantaneidade. O acadêmico por ter mais canais para divulgar seu trabalho e o pai dedicado por ter mais opções de pesquisa. Assim também ocorre com os profissionais das mais diversas áreas.

Então, podemos constatar que a informação acelera ainda mais o processo de inovação tecnológica dentro e fora das empresas. É praticamente impossível dissociarmos as influências dessas transformações sobre a esfera profissional das que ocorrem sobre a esfera pessoal. Cada vez mais, o universo do trabalho se confunde com o universo das relações pessoais e do lazer.

Você mesmo, já imaginou trabalhar em um escritório com pufes, mesa de sinuca e cerveja à vontade? Parece um sonho. Se acrescentarmos aí o horário flexível, é difícil acreditar que alguém nessas condições vá, de fato, produzir algo lucrativo.

Bem, essa já é uma realidade em algumas empresas que apostam em um modelo de trabalho mais dinâmico, viabilizando esses *workplaces* que mais se parecem com um salão de jogos. O que acontece, na prática, é que esse tipo de ambiente acaba sendo mais favorável à produtividade do que o antigo modelo engessado das salas fechadas, comumente adotado por empresas mais conservadoras.

Quem, afinal de contas, gosta de trabalhar enfurnado em uma caixa de drywall? Obviamente, estamos discutindo os fatores de bem-estar no ambiente de trabalho, não os indiretos como remuneração ou prestígio.

Acontece que o mercado tem aberto suas portas cada vez mais para o público jovem, viabilizando um encontro entre gerações. A diversidade dentro das equipes, em todos os aspectos, tornou-se o novo padrão.

Com cada vez mais frequência vemos equipes com os gestores mais experientes compartilhando seu espaço com jovens inovadores. De um lado, toda a *expertise* de quem fez e sabe o que funciona e o que deve ser descartado. Do outro, a criatividade e o espírito ávido por desafio dos jovens. Como uma equipe poderia ser mais completa?

Paralelo a isso (ou não), vivemos um período da história em que simplesmente é possível enriquecer gerando conteúdo por meio de redes virtuais, inexistentes algumas décadas antes. Bem, esse é o futuro. Vinte anos atrás esse cenário seria considerado uma grande piada, exceto por uma ou outra mente visionária. Mas, ao que tudo indica, essa é uma realidade que veio para ficar.

Um outro grande exemplo de como as tecnologias influenciam (e ainda influenciarão) nossas vidas são os aplicativos de "mundos virtuais" que surgiram com a invenção da internet. Esses universos digitais passaram a se multiplicar em uma velocidade impressionante, angariando milhões de usuários pelo mundo.

De repente, tornou-se possível a construção de um avatar com inúmeras possibilidades de personalização, que existe apenas em um mundo fictício. Por incrível que pareça, o empenho dos desenvolvedores de jogos e mídias digitais foi tamanho que logo esses universos paralelos começaram a parecer mais interessantes do que a própria vida real.

Imagine que você não estivesse lá muito feliz com sua vida. Todos os dias, chega em casa depois do trabalho e se senta no sofá da sala sem muitas ambições. Pizza e refrigerante o fazem companhia enquanto assiste sua série predileta.

Então, você ouve falar a respeito de um jogo que simula a vida real. A priori, a ideia parece até infantil, mas logo você percebe que a maioria dos seus conhecidos já aderiu à febre do momento. Chega o fim de semana e todos estão vidrados em suas telas, construindo suas casas, personalizando seus *outfits* e se relacionando com outros personagens de maneira virtual.

É assustador pensar que isso de fato acontece, que alguém realmente prefira passear em um parque virtual do que viver a experiência completa na realidade. No entanto, melhores usos dessa tecnologia vêm sendo esboçados.

Para entendê-los, devemos primeiramente levantar o seguinte questionamento: por que alguém trocaria a vida real por uma realidade paralela, cuja existência está subordinada a plataformas digitais e a outros elementos complexos sobre os quais não temos conhecimento ou controle?

Não se trata de trocar um pelo outro. Não se trata de nutrir uma visão dualista da realidade, em que há apenas duas alternativas: estar dentro ou fora dela. A questão é como podemos utilizar essa tecnologia, que conta com um potencial astronômico, para facilitar nossas vidas, nossa realidade.

A resposta não é tão simples, visto que promover qualquer tipo de melhoria abarca uma quantidade incalculável de opções. Você pode ficar muito bem imerso dentro de um jogo virtual, em que é bem-sucedido e conquista tudo o que deseja, mas isso não significa uma melhoria de vida se considerarmos os males à saúde causados pelo sedentarismo e as lacunas deixadas pela falta de convívio.

O mesmo acontece com as redes sociais. Paremos um momento e reflitamos a respeito do quanto simulamos uma realidade paralela dentro de nossos perfis, sejam pessoais ou profissionais. Neles, estamos sempre felizes, bem-dispostos, otimistas e produtivos. No entanto, por mais prolífico que você seja, existem os momentos de fraqueza, mas não são eles que apresentamos em nossos avatares idealizados do LinkedIn, Facebook ou Instagram.

Essas figuras parecem mais interessantes até do que nós mesmos quando as comparamos com nosso "eu verdadeiro", aquele que nem sempre está funcionando em seu máximo desempenho. Aquele que tem medos e inseguranças. Que é frágil, que se perde e que, às vezes, precisa de ajuda.

Considerando esses aspectos e nossa relação com as redes sociais, um conceito ainda mais específico de realidade virtual começou a ganhar notoriedade durante o período de isolamento social, motivado pela pandemia mundial da Covid-19: o metaverso.

O termo foi citado pela primeira vez no livro *Nevasca*, do autor Neal Stephenson, lançado na década de 1990. Trata-se de um mundo virtual cuja proposta é oferecer uma experiência ainda mais real do que a das redes sociais e a dos aplicativos digitais fizeram.

O prefixo "meta" tem origem no grego, significando "além". Assim, o significado da palavra é facilmente dedutível: um universo que pretende superar os limites físicos da existência, projetando-nos em uma realidade paralela jamais vista.

Retornemos, então, à utilização dessas ferramentas digitais como um facilitador de nossos objetivos diários. Considere o quanto ferramentas como as plataformas de reuniões online nos poupam tempo e esforço. Pense a respeito da importância que o e-mail tem para estudantes ou qualquer pessoa que precise se comunicar por meio de um ambiente mais formal, porém ainda digital. Como seria nossa comunicação sem ferramentas como WhatsApp ou mesmo o quase ultrapassado telefone celular?

Fica difícil imaginar nossa vida sem esses facilitadores exponenciais. No entanto, a pergunta que nos intimida, mais uma vez, é: o que será que vem a seguir?

O metaverso pode ser qualquer ambiente, como uma escola, um supermercado ou quem sabe até mesmo uma academia online. Uma realidade distante? Não se engane. Os metaversos já pairam por aí em suas versões beta.

Diferentemente do que ocorreu nas transformações anteriores, a revolução tecnológica vem acontecendo em um ritmo impressionante, até mesmo difícil de acompanhar. Os ciclos de renovação ocorrem em períodos cada vez mais curtos, obrigando todos a se reinventar em tempo recorde.

Partindo dessa análise, vemos que a adaptação é uma habilidade extremamente necessária ao profissional que deseja se manter no mercado daí em diante. Ela deixa de ser um diferencial e passa a ser uma premissa básica.

Como representante desse perfil de profissional multidisciplinar, encontra-se Armando Buchina, CEO com *expertise* em elaboração de planos de *turnaround* e crescimento de empresas com visão sistêmica e inovadora. Tendo recebido seis conquistas de certificados GPTW (Great Place to Work, ou Melhores Lugares para Trabalhar), Armando possui experiência de mais de trinta anos atuando no setor de Tecnologia e Software.

De escriturário a CEO de uma das maiores empresas do Brasil, Armando é um evidente exemplo de que o aprendizado contínuo e a adaptabilidade são *mindsets* que geram resultados exponenciais.

Sua trajetória na área começa na década de 1980 como estagiário na Microsiga, empresa de tecnologia que deu origem à TOTVS. Tratava-se de uma startup de ERP, cujo nome era a junção de duas palavras: "micro" de microinformática e "siga" de Sistema Integrado de Gerência Automática, o mesmo que ERP. É curioso o fato de que, menos de meio século depois, já tenhamos abandonado o "micro" para dar lugar ao "nano".

Para adquirir esse perfil multitarefa, generalista, não há segredo algum. O único caminho para o sucesso passa pela dedicação. Isso posto, devemos nos ater, sobretudo, ao fato de que a adaptabilidade não é uma característica que se adquire permanentemente, mas que, como ela própria, consiste em se reinventar o tempo todo.

Contudo esse não é um caso à parte do que um *mindset* bem configurado pode gerar em termos de vantagens para um empreendedor. A mentalidade da adaptabilidade é hoje, mais do que nunca, imprescindível para a sobrevivência de qualquer negócio, e os gestores que tiverem seu olhar voltado a ela certamente estarão à frente dos demais.

Imagine que quando os microcomputadores começaram a aparecer, a reação mais comum das pessoas ao se deparar com aquela caixa branca grande e pesada com uma tela de vidro na frente era o medo. A maioria não fazia a menor ideia do que viria a seguir, mas já sentiam que seria algo bem diferente de até então.

Começavam, assim, a surgir os debates sobre a possibilidade de os empregos serem substituídos por computadores, que processam informações muito mais rápido do que seres humanos. Mais uma vez o pânico entra em cena. E agora, o que fazer?

Pode parecer engraçado ou mesmo curioso que apenas há algumas décadas esse fosse um debate inusitado e distante da realidade. Parecia mesmo tema de ficção científica, algo fantasioso que só teria lugar no cinema.

Bem, o fato é que a inteligência artificial é uma realidade que já começa a tomar forma. Dentro em breve precisaremos aprender a dividir nosso espaço de trabalho com esses robôs altamente capacitados e mais inteligentes do que qualquer ser humano.

Mas isso não deve ser motivo para pânico. Esse *admirável mundo novo* não precisa ser tão ameaçador quanto o proposto no best-seller de Aldous Huxley. Trata-se de uma realidade completamente diferente, sim, e tudo o que é diferente tende a nos causar incômodo por nos obrigar a sair da tão famigerada zona de conforto.

A questão é que você precisará se acostumar a viver fora da zona de conforto definitivamente, porque, quando pensar ter aprendido o suficiente, um novo desafio o obrigará a se reinventar. Esse é o ciclo do mundo em que vivemos.

"O desafio das empresas de tecnologia é acompanhar a velocidade desse desenvolvimento", afirma Armando. A frase contém uma palavra determinante para analisarmos esse cenário: velocidade.

Tudo está conectado e você não pode escapar disso. Se algo com potencial para afetar negócios do outro lado do mundo acontece, em instantes a notícia é divulgada por meio dos milhares de canais de comunicação que a internet possibilitou. Bastam alguns minutos para sentir o grande impacto da novidade, pois todos estão respondendo das mais diversas maneiras, e quase que instantaneamente.

Imagine que você está atualizando seu Instagram quando se depara com a postagem de uma página que trata a respeito de assuntos de finanças. O post indica a provável saída de uma grande empresa da bolsa de valores. Logo você se lembra de que boa parte da sua carteira de investimentos se fundamenta nessas ações.

Ansiedade. O preço das ações já caiu 5% e a perspectiva do mercado é de que caia mais até o fim da semana. Você tem outras coisas importantes para resolver, mas o pavor de perder seu dinheiro o compele a vender as ações imediatamente.

Há alguns anos, essa decisão não seria tão simples. Você precisaria telefonar para a corretora para efetuar a operação ou mesmo ir a um escritório. Nesse sentido, a viabilidade de ter um supercomputador no bolso é uma vantagem e tanto. Por outro, as redes sociais ainda não haviam sido inventadas, então você levaria pelo menos alguns dias para ser informado da notícia, a menos que fosse daqueles que acompanham o mercado freneticamente.

Esse exemplo ilustra a maneira como as inovações tecnológicas mudam nossa vida e influenciam nossas decisões. Em determinado dia você se sente plenamente confiante nas estratégias que tem adotado para chegar aonde quer. Em um outro dia, você se depara com um imprevisto e começa a questionar se não está deixando passar um ponto importante. E agora?

Talvez os maiores desafios da humanidade na era contemporânea sejam administrar a grande quantidade de informações a que somos expostos diariamente e, concomitantemente, aprender a lidar com o imprevisto. Os cursos superiores, em geral, preparam-nos para situações hipotéticas, ideais, bem diferentes dos desafios que encontramos no cotidiano do mercado.

Armando nos conta sobre sua experiência na empresa Finch Soluções, empresa brasileira fundada em 2013 a partir do *spin-off* das áreas de serviços e T.I. de um dos maiores escritórios de advocacia do país, o JBM Advogados. O grande diferencial da iniciativa foi a construção de uma tecnologia inovadora, orientada a resultados, através da implementação de robôs voltados à obtenção de informações, à automação e à gestão de processos para empreendimentos jurídicos.

À época de sua fundação, havia um debate polêmico sobre a possibilidade de os robôs tomarem o trabalho dos advogados. A questão em voga no momento era: regulamentar a atividade dos robôs ou proibir?

Não é necessário ressaltar a ingenuidade dessa pergunta. Contudo, vale o destaque de um detalhe crucial, que é o fato de que os robôs não têm como objetivo substituir o profissional, mas, sim, as tarefas mecânicas e burocráticas.

Na segunda metade do século XXI ninguém mais consegue conceber a ideia de um "apertador de parafusos", porque esse ofício já foi automatizado há muito tempo. Os robôs entram no mercado para nos dar a oportunidade de focar no que apenas os seres humanos podem fazer com primazia, que é se concentrar nas tarefas que demandam habilidades exclusivamente humanas.

Com os robôs executando as tarefas burocráticas, teremos mais espaço para usar nossas melhores habilidades, como criatividade, sensibilidade e intuição. O mercado que se desenha no futuro não é o pesadelo que muitos pregam, mas o começo de uma nova era em que a significação do trabalho como um fardo fica com os dias contados.

Já existem alguns protótipos de lojas de departamentos que dispensam, simplesmente, todos os funcionários. Os produtos selecionados pelo cliente são registrados por câmeras e anexados a um banco de dados que informa exatamente o produto que foi colocado no carrinho e a quantidade. Já imaginou um mundo em que ninguém precisa empacotar caixas para sobreviver?

Mas nem tudo são flores. Se há uma ameaça real nesse contexto tecnológico que gera de fato uma preocupação, são os hackers, os inimigos virtuais. Considere que, em um mundo cada vez mais orientado pelo universo digital, a grande quantidade de dados envolvida nesse contexto é o que realmente nos deixa vulneráveis.

Imagine, por exemplo, como o livre-arbítrio fica ameaçado perante a centralização desses dados nas mãos de um governo déspota. Mais uma vez, o ponto crucial da questão não está no fator em si, mas na utilização que é feita dele.

O mesmo vale, é claro, para qualquer grupo criminoso. Assim como as empresas se reinventam, os criminosos também acompanham as inovações e agem em função delas. Então, fica a pergunta: como nos proteger?

Se há uma forma ideal de regular o uso de dados, certamente ainda não descobrimos, mas o fato é que eles constituem uma base importante das iniciativas empreendedoras a partir da virada do século. E isso nos leva a um outro ponto crucial: o foco voltado ao cliente.

Já se foi o tempo em que prestar um serviço aceitável ou vender um produto razoável era suficiente para manter um negócio funcionando. A partir da ascensão das redes sociais, as empresas que abriram mão de ingressar no mundo digital fecharam suas portas ou estão com os dias contados.

Basta entender o seguinte: até a sua avó tem uma conta no Facebook. Se ela não tem (ou ainda não tem), certamente a avó do seu amigo já usufrui de alguns benefícios gratuitos disponibilizados pelo aplicativo ou mesmo passa algumas horas do dia se dedicando a combinar arranjos de frutas para conquistar alguns pontos em algum jogo oferecido pela rede.

Ingressar no mundo digital não foi uma decisão que tomamos, mas um acontecimento, um fenômeno que simplesmente nos cooptou para dentro de um cosmos até então inexistente. Seus apelos e suas vantagens são tão convincentes que muitos até parecem gostar mais dele do que da vida real. Seria apenas uma concepção equivocada?

O fato é que esse mundo paralelo, quer nos beneficie ou prejudique, tornou-se o maior canal de comunicação do mundo. Inevitavelmente, as empresas logo identificaram seu enorme potencial e passaram a transferir o foco de suas iniciativas de marketing para dentro dele, dando origem à especificação "marketing digital". Hoje em dia, todo profissional de marketing que se considere bom é também um profissional do marketing digital.

No que tange às empresas, sobretudo as big companies, esse ingresso no mundo digital é essencial. Para ajudá-las a encarar essa missão tão provocativa que é se adaptar ao padrão mais complexo até então já visto, surgiu a ITIX, startup que visa oferecer as bases para a evolução dos mais diversos clientes através da tecnologia.

A proposta da ITIX, cujo CEO é Ricardo Rodriguez, é ser mais do que apenas uma *software house* com uma cultura dinâmica. Seu objetivo é transformar negócios, ajudando-os a ingressar no universo tecnológico por meio das melhores soluções tecnológicas. A empresa conta com grandes especialistas das tecnologias mais atuais, cobrindo desde a programação de aplicativos até a análise de negócios e utilizando métodos *Agile* e *Scrum* para potencializar a eficiência de seus projetos.

É impossível fazer tudo sozinho, mesmo para os gestores mais experientes do mercado. Por isso, o papel de startups como a ITIX é fundamental nesse cenário.

Imagine quantas pessoas são necessárias para produzir apenas um smartphone. Dezenas? Centenas? Milhares? Ainda que tenhamos estimado os números superficialmente, fica claro que é necessária uma grande equipe engajada em um mesmo propósito.

O mundo contemporâneo permite os mais diversos arranjos de equipes, tanto na esfera profissional quanto na pessoal. Vivemos uma época em que a liberdade para pensar, criar e ousar é quase uma obrigação.

Sendo assim, a melhor postura de uma empresa (seja ela big company ou startup) é aderir a esses formatos de equipes mais dinâmicas, deixando de lado a resistência às participações externas. São pouquíssimas as empresas que ainda sobrevivem sem essa colaboração de organizações parceiras que atuam em áreas desde a gestão de projetos até o controle de qualidade.

A internet surgiu, o mundo inteiro se conectou e aqui estamos nós discutindo sobre os benefícios e obstáculos causados por essa inovação revolucionária. Piscamos e, de repente, o maior vício da nossa época é estar conectado o tempo todo. Ninguém poderia prever o que estava por vir.

Até mesmo as iniciativas da área da saúde passaram a integrar o mundo digital e a aceitar o processo de *smartização*. No que diz respeito à saúde suplementar, tivemos grandes exemplos do que a tecnologia tem capacidade de promover para a humanidade quando utilizada com inteligência.

Fundamentada em inovação aplicada e na saúde 5.0, a UNIO é um exemplo dessa utilização. Segundo Armando, que é CEO da empresa, "para evoluir e acompanhar o ritmo do desenvolvimento tecnológico, é necessário que os gestores analisem o mercado em função dos clientes, com foco na saúde em vez de na doença".

Armando Buchina e Marcelo Smarrito (que é conselheiro independente da UNIO) acreditam que os investimentos do setor devem se voltar majoritariamente para as linhas de inovação, para o desenvolvimento de aplicativos e para a jornada digital das organizações. Além disso, existe ainda outro ponto crucial, que é o propósito do empreendimento.

Como foi ressaltado neste capítulo, já se foi o tempo em que oferecer um serviço razoável era suficiente. O mercado de trabalho mudou e a maneira como as pessoas se conectam com o trabalho e a própria vida, também. Hoje, boa saúde não é exclusividade ou diferencial de quem se considera "fitness", mas uma premissa de quem pretende construir uma carreira.

Isso posto, quando o assunto é saúde, devemos considerar que o valor gerado para o cliente está associado a uma ideia de autocuidado, não de tratamento. Assim, o *mindset* de orientação do desenvolvimento de produtos e serviços deve oferecer ao cliente atributos e meios que viabilizem uma vida mais saudável em vez de se ater apenas a tratamentos eficazes.

A tecnologia pode ser uma grande aliada do ser humano, dentro e fora da área da saúde. A questão é como utilizar essa ferramenta para obter os resultados desejados. Então, fica a pergunta: no caso da saúde, o que de fato significaria usar a tecnologia para ter uma vida mais saudável? Seria usar os SuperApps para cuidar do bem-estar? Seria oferecer informações úteis ao paciente? Ou mesmo, quem sabe, os dois?

São perguntas que tendem a uma resposta positiva, porém há pedras no caminho que precisam ser dissolvidas. As grandes corporações possuem uma grande resistência à inovação, com seus métodos e suas disfunções burocráticas orientando a maior parte do funcionamento dos hospitais e da gestão geral. A resistência à mudança é um fator comum entre as big companies da área.

Se você for atendido hoje em um hospital da rede X, não existe a opção de levar seu prontuário em um hospital da rede Y. Por quê?

Por isso, iniciativas como a UNIO são tão importantes nesse cenário, tanto para os gigantes do mercado, quanto para as empresas emergentes e também para os clientes. A gestão da inovação deixou de fazer parte exclusivamente dos portfólios de grandes executivos para integrar as grades dos cursos superiores de administração de empresas (no Capítulo 8 deste livro você verá um grande case de sucesso de como a tecnologia da UNIO fortaleceu as bases para a criação de um SuperApp em uma big company consolidada).

Deixando de lado a especificidade das utilizações da tecnologia, voltemos, agora, a uma perspectiva mais abrangente: a transferência de empregabilidade. Como vimos, a partir da primeira revolução industrial, deixamos os campos para integrar as fábricas. Em seguida, deixamos as fábricas para criar o terceiro setor, ou setor de serviços. O que vem, então, a seguir?

A inteligência artificial tem potencial para substituir a mão de obra humana em larga escala, o que deixa em evidência a questão da empregabilidade. Sem a possibilidade de transferência entre setores da economia, para onde iremos? Como garantir nossa posição no mercado quando seu concorrente é um robô, que produz mais do que você, mais rápido e com mais qualidade?

Essa é uma questão levantada frequentemente em discussões sobre o futuro do trabalho. Muitos o enxergam como uma nuvem turva, indicando grandes temporais cada vez mais próximos. O que a maioria se esquece é que depois da tempestade há sempre uma manhã ensolarada.

Os robôs entram em cena para exercer apenas funções que podem ser automatizadas, funções que daríamos qualquer coisa para não exercer apenas por obrigação. O trabalho repetitivo, exaustivo e de pouco valor agregado é que deixará de existir. Isso abre uma série de possibilidades para que nos concentremos em tarefas que aproveitem melhor nosso potencial como seres humanos.

Assim, o *mindset* do futuro é fortemente calcado na adaptação e na capacidade de se reinventar quantas vezes for necessário. E engana-se quem pensa que essa é uma regra exclusiva das empresas emergentes, pois ela abarca todas as atividades econômicas, e isso inclui também as empresas com décadas de mercado e amplo valor agregado.

Obviamente, outras premissas tão básicas quanto possuem igual importância, como o lifelong learning e o working in progress, mas o fator determinante para o sucesso no mercado de trabalho em meio às inovações tecnológicas ainda é a adaptação. Sem essa capacidade, os profissionais do futuro estarão fadados a desfrutar de seu sucesso apenas por um curto período, que os manterá brilhando enquanto a necessidade de inovação não vier lhes ofuscar os dias de glória.

Tecnologia é técnica. Inovação é arte. Ambas caminham lado a lado rumo a um futuro incerto, porém indiscutivelmente tecnológico. Não fique para trás.

Design Thinking

"O grande objetivo do design thinking é interpretar com a máxima precisão algo que está mudando a todo momento: a satisfação do cliente."

— LUIS ALT,
sócio fundador da Livework no Brasil

A frase acima sintetiza bem o que podemos esperar para o futuro: a imprevisibilidade. Um cliente satisfeito hoje não é certeza de um cliente satisfeito amanhã. O que sabemos certamente mudará, e essa é a única certeza sobre a qual devemos nos apoiar quando o assunto é se preparar para o futuro.

"Conhece-te a ti mesmo". Assim ficou conhecido o aforismo grego, utilizado em várias de suas principais narrativas, por um dos maiores filósofos da história ocidental — Platão.

Mas será que uma frase dita há tanto tempo ainda possui um significado valoroso ou será que teve sua importância minada com o passar dos séculos, deixando de oferecer, assim, aquela sabedoria prática para encarar algum tipo de desafio ou lidar com uma questão complexa?

O que conhecemos sobre nós mesmos, afinal? Não seria essa uma pergunta que permite mais de uma resposta? Não seriam essas respostas diferentes à medida que adquirimos novas habilidades, descobrimos talentos e mudamos de opinião a respeito dos outros e de nós mesmos?

Na entrada de um dos templos mais importantes da Grécia Antiga jaz a citação que nos indica o único caminho possível de ser trilhado: o nosso próprio caminho. Agora, falando em termos mais concretos, a frase sugere que o autoconhecimento nos ajuda a tomar decisões melhores e, consequentemente, colabora para sermos mais resolutos pessoal e profissionalmente.

Obviamente, o conceito é belíssimo ao passo que sua prática impõe o grande desafio da humildade. O autoconhecimento é um aprendizado para toda a vida, uma história cujos capítulos são escritos dia após dia ou, como diz a expressão em inglês: *working in progress*.

Para deixar a filosofia um pouco de lado, a ideia aqui é concebermos o autoconhecimento como uma ferramenta que nos ajude a administrar a relação entre satisfação e realização. Tudo é uma questão de equilíbrio, e a vida é pautada nas escolhas que fazemos diariamente. Trata-se de saber administrar os recursos disponíveis e encarar os percalços que aparecem pelo caminho como oportunidades para aprender.

No tempo em que vivemos, as oportunidades não são menos numerosas, mas mudam com cada vez mais velocidade, exigindo readaptação em um ritmo impressionante. Para sobreviver no mercado de trabalho, esteja você em uma grande empresa ou em uma startup, seja você dono do próprio empreendimento ou colaborador de uma organização, é necessário adquirir essa capacidade de se reinventar a cada vez que um novo desafio aparece.

Entretanto talvez o maior desafio dos players do mercado seja mesmo adquirir tal capacidade. Quando pensamos ter aprendido o suficiente e temos a sensação de ter conquistado aquela tão desejada estabilidade, novos elementos aparecem, impactando fortemente todo o cenário e mudando tudo.

Assim, fica a pergunta: como seria possível nos prepararmos para esse mundo tão imprevisível, incerto, inconstante? Como podemos encarar a vida sob uma perspectiva positiva, não deixando que o fantasma do desconhecido nos apavore e mine nosso entusiasmo?

Muitos tentam responder a essa pergunta. Certamente, não existe apenas uma resposta, mas uma enorme variedade delas. Engana-se quem ainda acredita na velha fórmula "faculdade + emprego = sucesso". Hoje, o profissional valorizado é aquele que resolve problemas independentemente de sua formação ou intelecto. Hoje, quem se destaca é quem entrega resultado.

E, quando falamos em resultado, falamos de algo que sempre foi a pauta de todo administrador. A concorrência não dá descanso. O cliente fica cada vez mais exigente. As inovações tecnológicas mudam a maneira como as empresas se conectam com o consumidor. Como enfrentar o desafio de empreender em um mundo tão agitado quanto o do século XXI?

Imagine que você está jogando uma partida de tênis. Você responde à maioria dos lances com bastante segurança, mas, eventualmente, uma jogada ou outra exigem mais esforço. Você precisa se desdobrar na velocidade da luz para evitar entregar o ponto para o adversário.

Após algumas jogadas você começa a perceber seu cansaço aumentando e logo compreende que talvez a solução não seja correr até o outro lado da quadra, mas mudar seu posicionamento para mais distante da rede.

Bingo, você está na frente de novo. Percebendo que você se afastou, o competidor passa a devolver os lances com menos força, devolvendo jogadas que o obrigam a voltar para mais perto da rede.

A essa altura, além do cansaço, seu lado emocional começa a entrar em cena. O estresse virou sua dupla. Agora são você e esse rapaz de modestos 150kg em cena. Além de não conseguir correr devido ao peso excessivo, ele parece mais inclinado a reclamar do que a acertar as jogadas. Essa versão balofa e estressada de você mesmo parece o deixar cada jogada mais longe da vitória.

Bem-vindo ao mundo dos negócios. A sutil diferença entre o exemplo citado e a situação real é que você não vai rir quando o estresse começar a jogar do seu lado.

Brincadeiras à parte, esse exemplo serve para mostrar um fator crucial para a sobrevivência no mercado: a mudança de perspectiva. Você identifica um padrão e desenvolve uma estratégia para se destacar da maioria. De repente, o padrão muda, obrigando você a buscar um novo padrão e a desenvolver uma outra estratégia. Esse é o ciclo sem fim do mundo dos negócios no século XXI.

Para nos ajudar nessa árdua porém empolgante tarefa, especialistas criaram uma ferramenta de análise de problemas complexos pensando na especificidade da experiência do cliente, que é o verdadeiro maestro dessa orquestra chamada mercado. Longe dos modelos antigos de produção em série que ficaram conhecidos durante o taylorismo, hoje, a realidade é outra. O cliente não compra um produto, ele compra uma experiência, compra o conceito por trás da embalagem.

Pensando a respeito, surgiu uma abordagem que ficou conhecida como design thinking, que basicamente oferece uma perspectiva com relação aos problemas baseada em três pilares: empatia, colaboração e experimentação. O design thinking é uma mentalidade que conversa diretamente com as necessidades do usuário, ajudando diversas empresas a responder à altura da exigência crescente dos clientes.

As bases de algoritmos nos mostram o quanto essa especificidade ainda aumentará. A cada segundo, milhões de informações são armazenadas em HDs gigantes em algum lugar do mundo, ou na nuvem, se você preferir. O mercado entende quem você é melhor do que você mesmo, e sabe as probabilidades de você optar por uma bicicleta em vez de uma moto, levando em conta características como seu poder aquisitivo (ainda que estipulado), traços de personalidade e padrão de decisão.

Chocante, mas é a realidade. Os algoritmos processam essas informações cruzando milhões de dados por segundo e oferecendo a você aquilo que é mais provável que compre. Vantagem? Talvez.

Basicamente todos os serviços de compras online exigem que você ofereça pelo menos alguns dados básicos para efetuar uma compra simples. As empresas querem entender quem são seus clientes, o que pensam e o que desejam de verdade. Basta acessar qualquer loja online para se deparar com algumas janelas pop-up sugerindo (quase obrigando) que você se cadastre em uma lista para receber algum tipo de bônus especial e exclusivo.

Primeiro, seu e-mail. Em seguida, seu número de WhatsApp. E, para fechar com chave de ouro, o número do seu cartão de crédito. Tudo o que você faz é observado e monitorado 24 horas por dia. Não são raras as histórias de pessoas que afirmam ter recebido um anúncio de determinado produto ou serviço logo após comentar com alguém que gostariam de adquirir algo do mesmo tipo ou marca, ou contratar um plano de outra operadora, por exemplo.

Logo em seguida ao comentário, coincidentemente ou não, aparece um anúncio no Instagram sobre o que foi mencionado na conversa.

Imagine um supermercado em que você não precisa caminhar até a prateleira para decidir entre as diversas opções de marca. Nesse ambiente hipotético, o produto é que vai até você. Para complementar a situação, o tipo, o tamanho e a marca do produto que é oferecido é exatamente o que você costuma preferir. Além dessa experiência maravilhosa de não precisar perder tempo com escolhas simples do dia a dia, você evitaria filas e a fadiga gerada pela caminhada serpenteada entre os corredores.

O exemplo do supermercado parece um sonho distante, mas pode estar mais próximo do que nunca. Em tese, é exatamente isso o que acontece nos marketplaces. Produtos específicos são oferecidos a clientes específicos, otimizando a experiência de compra.

As empresas buscam oferecer conforto a seus clientes, não apenas vender produtos. A qualidade do item adquirido certamente conta pontos, porém cada vez mais é a experiência da compra que influencia a recompra, destacando a empresa entre as diversas outras em um mercado tão competitivo.

Dessa forma, o grande dilema das empresas do século XXI, dessa era tecnológica em que tudo acontece em um piscar de olhos, é oferecer essa experiência otimizada ao consumidor. Quantas conseguem? Poucas. Quantas tentam? Praticamente todas. Que abordagem grandes empresas como a Nike ou a Coca-Cola adotam para oferecer um conceito tão único e especial que tem garantido seu lugar no pódio durante décadas?

A resposta é o design thinking, a mentalidade que embasa a maneira como essas verdadeiras gigantes se comunicam com seus clientes e potenciais clientes. Quem acredita que a Nike vende tênis e que a Coca-Cola vende refrigerantes está redondamente enganado.

Não é possível sobreviver no mundo dos negócios com uma concepção tão limitada quanto essa. Tanto as pequenas startups quanto as maiores empresas do mercado precisam ter o cliente como centro do seu escopo de projetos para garantir seu lugar ao sol. O poder de decisão do cliente nunca foi tão grande.

O consumidor do futuro compara informações e tem autonomia para decidir entre milhares de opções. Sendo assim, o que destaca sua empresa das demais? Pense como consumidor: por que você escolhe determinada marca em vez de outra? É apenas pela qualidade do produto ou existe algum fator subjacente que influencia sua decisão?

Pensando nesse tipo de abordagem mais específica, algumas empresas tem se dedicado a ajudar tanto as grandes corporações quanto as empresas emergentes a desenvolver serviços segundo essas características específicas. Dentre elas está a Livework, primeira consultoria de design de serviços da América Latina.

Fundada em 2010, a empresa conta com um corpo executivo de pessoas altamente capacitadas, como é o caso de Luis Alt, sócio e cofundador da companhia. Em 2011, Alt publica o livro *Design Thinking Brasil,* em que explica o funcionamento do design thinking e como ele pode ser usado para atender às necessidades do mercado.

A empresa supervisiona e orienta projetos em diversos países do globo, ajudando outras empresas a desenvolver um olhar voltado ao cliente. Entre alguns de seus clientes estão organizações de grande porte, como Ambev, Bradesco, Natura, Seguros Unimed e Samsung.

Luiz Alt é um dos exemplos que caracteriza essa jornada do cliente que busca a experiência além da compra. Formado como engenheiro de produção, a área de pesquisa e desenvolvimento chamou sua atenção depois de uma experiência de trabalho. Nas reuniões, os debates não tratavam de produtos que estavam ou entrariam no mercado, mas de produtos que ainda não haviam sido inventados.

É necessário manter um olhar à frente para, de fato, estar à frente. E a única maneira de desenvolver esse olhar é se ater a quem mais importa para o sucesso das empresas: os clientes.

Imagine, de maneira mais simples, que o design thinking é a mentalidade de quem está caçando pássaros com um rifle. Para acertar não se deve focar o pássaro em si, mas o caminho que veio esboçando para entender para onde está indo. Esse é o ponto crucial, a diferença entre quem acerta e quem passa perto.

Depois da experiência com pesquisa e desenvolvimento, em meio à crise, Luiz retorna ao Brasil. Muito diferente do que viu na Europa, a grande maioria das empresas sequer havia ouvido falar a respeito de design thinking ou design de serviços no país. Havia uma dificuldade em convencer os grandes players do mercado de que seu jeito de olhar para o que faziam não era suficiente para garantir a continuidade do negócio.

Em contrapartida, havia também a possibilidade de inaugurar o conceito em terras nacionais, dado que ainda se tratava de uma novidade. A *expertise* dos executivos levou a empresa a dar esse salto. Anos após sua inauguração, a Livework ainda é referência absoluta em design thinking e consultoria de design de serviços.

A Livework, assim como qualquer outra empresa, tem uma jornada específica, da mesma forma que os indivíduos, que integram as empresas e a sociedade. Os três estão conectados por um elo indissolúvel, que são as relações sociais. Tudo o que afeta um desses três pilares influencia os demais.

Em meados da década que encerrou o século XX, a internet surgiu. Ninguém imaginaria que entre o Super Nintendo e a telefonia celular uma invenção mudaria a história de maneira tão singular.

A maioria das pessoas não fazia ideia de que a internet fosse causar os impactos que causou. Em dado momento, estamos na fila do banco esperando para verificar o saldo e, de repente, olhamos para o lado e vemos nossos filhos trocando mensagens de texto e áudio em tempo real.

Os novos meios de comunicação que se tornaram possíveis com a invenção da internet mudaram nossas vidas da noite para o dia. Esses supercomputadores de seis polegadas que ocupam nossos bolsos e invadem nossas vidas diariamente causaram uma verdadeira reviravolta na forma como nos comunicamos, expressamos e vivemos.

E as empresas, por sua vez, acompanharam as mudanças. Arquivos foram gradualmente sendo substituídos por meios de armazenamento digital. Primeiro os disquetes, depois os CDs, em seguida os HDs, passando pela memória flash e chegando, finalmente, no armazenamento em nuvem. Uma verdadeira revolução tecnológica em pouquíssimo tempo.

Qual será, então, o próximo meio de armazenamento mais utilizado? Não podemos ter certeza, mas podemos arriscar que ele não tardará a chegar.

No âmbito profissional, testemunhamos essas mudanças no ambiente de trabalho e fora dele. Isso porque a tecnologia torna possível que qualquer ambiente seja um ambiente de trabalho. Basta verificar a enorme quantidade de espaços de *coworking* crescendo a cada ano.

Contudo o ambiente de trabalho que mais ganhou destaque com a ascensão da internet e dos computadores foi, sem sombra de dúvida, o home office. Até o começo do século XXI, as pessoas que trabalhavam com home office eram basicamente os executivos, com alguma ou outra exceção. Vinte anos depois vemos uma realidade bastante diferente, com muitas pessoas sentindo falta do escritório.

O que se deu, então, nesse meio de campo? A tecnologia nos oferece alternativas, desde a aquisição de um novo bem até a forma como escolhemos nos conectar com nossos filhos. As soluções tecnológicas afetam a sociedade porque oferecem opções que antes não existiam, o que repercute uma série de novas possibilidades.

Inevitavelmente, essas alternativas afetam também nosso padrão de consumo. Antes era necessário ir até o estabelecimento para alugar um filme, jantar ou pagar uma conta atrasada. Hoje, bastam cinco minutos e alguns cliques pra fazer os três. *Voilà*, você está assistindo *Harry Potter* pela milésima vez enquanto desfruta da deliciosa pizza que pediu pelo aplicativo de entrega.

Então o maior desafio das empresas no mundo contemporâneo é entender o padrão de consumo dos clientes. Com cada vez mais opções, a concorrência é astronômica. As pequenas empresas fazem de tudo para ingressar no mercado. As grandes, desenvolvem estratégias para manter o legado.

Entender o cliente passa, inevitavelmente, por se colocar em seu lugar. Conhecer suas dores, seus medos e suas inseguranças coloca qualquer empreendimento à frente dos demais.

Depois de conhecer o cliente, existe ainda o desafio de oferecer a ele uma solução que resolva seu problema, gere algum tipo de retorno para quem oferece essa solução e que seja sustentável para o meio ambiente. Certamente, um desafio e tanto.

Segundo o cofundador da Livework Brasil, o consumidor do futuro se preocupará principalmente com informação, autonomia, velocidade e segurança. Informação para decidir e comparar opções. autonomia para escolher o melhor. Velocidade para escolher rápido. E segurança para garantir que nenhum dos três pontos anteriores coloque o cliente ou seus bens em risco.

Satisfazer um cliente tão exigente demanda especificidade. É como trabalhar em um restaurante: não adianta oferecer só o feijão com arroz para um freguês que pode comprar lagosta do outro lado da rua pela metade do preço. É necessário atender bem, manter o estabelecimento limpo e organizado, oferecer boas opções de pratos, bebidas, sobremesas, e isso tudo a um preço coerente.

O *mindset* do design thinking torna essa tarefa mais simples por oferecer uma abordagem específica. Cada empresa é única e cada cliente também. Mas será que os gestores de pequenos e grandes negócios têm isso em mente quando estão trabalhando no desenvolvimento de produtos ou serviços? Em meio a um cenário de tantas imprevisibilidades, algo é certo: as empresas que não tiverem esse olhar estão com seus dias contados.

Capítulo 5

Pessoas e lifelong learning – Dois temas que nunca saem de moda

"Diversidade não é só uma questão de sexualidade, etnia ou religião, mas de saber compartilhar ideias e opiniões diferentes com humildade e respeito."

— FÁBIO FONSECA,
headhunter e cofundador da Havik

Provavelmente o maior desafio que as grandes empresas enfrentam nos dias de hoje é ter que se comportar como se fossem startups. Isso porque, apesar do perfil arrojado e da forte presença no mercado, a quantidade de variáveis que determina o sucesso do mundo empresarial mudou.

E não apenas as variáveis, como também sua frequência. Ao conectar as maiores potências mundiais, a internet acelerou o processo de globalização das economias a partir de sua invenção, em 1970. A partir daí, todas as esferas da existência humana passaram a ser fortemente influenciadas pelo dinamismo com que a comunicação passou a ocorrer.

Para entender um pouco melhor essa situação, basta recordar sua juventude por alguns momentos. Ou talvez a de seus filhos, se você for da geração X. O jovem caminha pela estrada da vida como se cada passo fosse o último, degustando cada nova experiência e evitando as nuvens de amanhã para aproveitar o sol que hoje se apresenta no céu.

Bem, e o que exatamente essa narrativa romantizada da juventude nos revela sobre o comportamento das startups? De certa forma, elas encaram sua jornada rumo ao sucesso com a mesma paixão, a mesma garra e a mesma coragem com que um jovem salta de uma pedra para ir ao encontro do mar, mesmo que não conheça a profundidade.

Quando se é jovem, cada nova experiência parece uma vida em si, que pode ter durado um dia inteiro ou mesmo cinco minutos. Alegramo-nos com uma pequena conquista quase como um bebê se alegra com uma embalagem colorida e reluzente, ao passo que nos desapontamos com as coisas mais frívolas quase como se fosse o fim do mundo. Contudo acordamos no dia seguinte com as energias renovadas e um apetite voraz para refazer tudo outra vez.

Encontrou similaridades com o comportamento das startups? É simples: os executivos acordam todos os dias com o mesmo apetite para devorar o mercado e viver cada nova experiência, seja de conquista ou frustração. Toda vitória é comemorada com intensidade, enquanto cada derrota oferece uma oportunidade de aprendizado. Agora vamos analisar o comportamento das big companies através da mesma metáfora, só que dessa vez com o comportamento da geração anterior, de um adulto vivido.

Você acorda e percebe que o café acabou. Por alguma razão, alguém esqueceu de comprar e você se vê obrigado a sair de casa sem aquela maravilhosa dose de cafeína com que costuma ser abraçado pela manhã. Seu dia parece um fracasso já nos primeiros minutos. Você entra no carro e, vinte minutos depois de ter começado a dirigir, começa a sentir uma terrível dor de cabeça.

Depois de uma longa e exaustiva jornada de trabalho, você e sua esposa decidem sair para jantar. Você escolhe o melhor restaurante da região na esperança de que aquele momento apazigue o dia turbulento e cansativo. Durante a refeição, sua mulher encontra com um amigo do trabalho e o convida para se sentar com vocês. Ele, que é vinte anos mais jovem do que você, o cumprimenta gentilmente com um sorriso aberto e confiante de quem parece ter passado o dia devorando hambúrgueres e bebendo as melhores cervejas artesanais belgas.

Automática e involuntariamente você começa a se perguntar, inseguro: "Quem é esse cara?". Por mais que confie veementemente em sua esposa, sua insegurança e seu ego, que agora está mergulhado na sarjeta, o induzem a calcular o tempo que você ainda tem na população economicamente ativa. Alguns anos? Talvez meses.

É assim que uma big company se comporta em meio aos novos desafios que surgem. Ela acredita que nada nem ninguém poderá minar a força de sua presença no mercado. E, portanto, age como se qualquer nova ameaça fosse apenas uma agitação temporária.

Infelizmente, as startups (assim como os caras sorridentes vinte anos mais novos) são uma realidade que não podemos negar. Quem não tiver os olhos voltados para o futuro, seja gigante ou empresa emergente, pagará um preço alto pela negligência de delegar suas atividades a um modelo de gestão ultrapassado.

As configurações organizacionais vêm se transformando. As empresas de ontem, em forte contraste com as de hoje, costumavam preferir estruturas mais hierárquicas, bem divididas e burocráticas. Já as de hoje têm uma predileção por estruturas mais horizontais, em que gestores e diretores possuem mais liberdade para tomar decisões e agir.

Tal configuração faz-se necessária em um mundo tão expresso e dinâmico quanto o que vivemos. As burocracias de ontem abrem espaço para as flexibilizações de hoje, afetando a maneira como as empresas são constituídas e exercendo um impacto significativo sobre a sociedade e, consequentemente, sobre a maneira como as pessoas encaram sua relação com o trabalho.

Feita essa análise, fica a pergunta: como essas flexibilizações podem ser otimizadas? A resposta que parece mais óbvia, à primeira instância, é a substituição dos sêniores burocráticos pelos perfis mais joviais e ágeis. Certo?

Bem, muitas empresas assim fizeram e todas fracassaram. Mas não é de agilidade e dinamismo que uma empresa precisa para encarar os desafios do futuro? Certamente, mas não apenas disso. A vitalidade jovial não sobrevive por muito tempo sem a sabedoria e a *expertise* de quem já fez e conhece os melhores caminhos e atalhos. Acreditar que o mundo pertence apenas aos mais jovens e delegar tudo a eles é um equívoco supremo.

Para que seja completa, uma boa equipe precisa dos mais diferentes personagens, com *skills* diferenciadas entre si. Sem o direcionamento adequado, o potencial dinâmico e engajado dos que chegam mais frescos ao mercado não é aproveitado. Sem aconselhamento, esses perfis, assim como o jovem que se joga das pedras em direção ao mar, pode acabar se deparando com correntezas e os tão famigerados tubarões do mercado, que o devorarão sem piedade alguma.

Um time forte precisa de ambos os perfis, precisa de um diálogo fluido e uma perspectiva inclusiva que abarque os diferentes conhecimentos e habilidades para lidar com diferentes tipos de problemas e desafios. A falta de um desses perfis é como um time de futebol que não tem zagueiros, atacantes ou mesmo um técnico. E o único caminho para esse time é a derrota iminente.

Se você estiver em um mercado com potencial e seu produto não for nenhuma ideia genial, tudo bem. *Good ideas that look bad ideas* é um conceito que oferece mais possibilidades de sucesso do que *good ideas that look good ideas*, pois algo que aparenta ser bom chama atenção do concorrente, que logo se prontifica.

Agora, se você estiver em um mercado bom, com amplo público consumidor, também não deve ter grandes problemas para inserir um produto regular no mercado. Mas e se o mercado for desafiador? O mesmo se aplica.

Ora, então qual é o diferencial de uma empresa que busca o grande desafio de empreender em um século tão dinâmico quanto o XXI? Essa resposta é a chave de inúmeras outras perguntas que surgirão pelo caminho: as pessoas.

O que certamente fará toda a diferença entre o sucesso e o fracasso da sua companhia, seja ela uma startup ou uma big company, são as pessoas que integram a sua equipe. Um time de pangarés dificilmente emplacará até mesmo um produto excelente em um mercado aquecido por uma simples razão: falta de preparo.

Existem inúmeras maneiras de diagnosticar a inabilidade de uma equipe de profissionais, contudo a decisão mais eficaz que pode ser tomada nesse sentido é ter cuidado desde a contratação, identificando os perfis adequados aos cargos logo no começo e economizando tempo.

Até a ascensão da internet, grande parte do setor de recursos humanos dispunha de inúmeros processos que visavam evitar as contratações erradas para evitar perdas nesse sentido. Em seguida, diversas ferramentas digitais passaram a ser usadas em função de obter os melhores resultados.

A partir da década de 1970, o termo "capital humano" passou a integrar as salas de reunião dos executivos e empreendedores. Os fatores econômicos da época e a rápida evolução do mercado financeiro nos mostraram que a verdadeira riqueza está nas habilidades humanas, indispensáveis a toda e qualquer organização.

Fábio Fonseca, executivo cofundador da boutique de *executive search*, Havik, é um exemplo de empreendedor que ilustra com excelência esse cenário em que as empresas da contemporaneidade estão inseridas, além da importância de se formar equipes fortes e capacitadas.

A Havik é uma das principais empresas de *headhunting* do mercado mundial, atuando em diversos países. O conceito da Havik se origina da ave açor, da ordem dos falcões. "Aquele que caça com um açor pode enxergar através de seus olhos", diz uma antiga lenda cuja essência, apesar de remontar à Idade Média, prevalece até os dias de hoje.

O objetivo da Havik é ajudar grandes empresas na difícil tarefa de encontrar profissionais adequados aos altos cargos, que demandam responsabilidade e capacidade para administrar sistemas de gestão cada vez mais complexos.

Ela nos mostra grandes *cases* de sucesso, em que executivos mais experientes trabalham lado a lado com os jovens na elaboração e execução dos mais diversos projetos. Para viabilizar essa interação, diversas ferramentas tecnológicas são implementadas desde a contratação até o feedback dos clientes.

Outro grande exemplo de como a tecnologia nos auxilia na execução de tarefas e na resolução de problemas, a Havik não apenas é referência desse modelo de execução, mas também de como as empresas precisam aderir ao digital se quiserem sobreviver no mercado. Isso simplesmente porque a burocracia que regia as grandes empresas do passado, hoje, é sinal de disfunção e atraso.

Voltemo-nos ao universo de trinta anos atrás e analisemos a perspectiva de vida da grande maioria da população mundial. Se você nasceu entre as décadas de 1950 e 1970 vai entender bem.

Viver era basicamente o seguinte: fazer uma boa faculdade, arrumar um emprego em uma grande empresa que oferecesse planejamento de carreira, casar-se, ter filhos, aproveitar a aposentadoria e abraçar os últimos anos de vida com a plenitude de quem foi longe e realizou muito.

O jovem universitário de hoje pensa a respeito de sua vida e de seu trabalho de maneira completamente diferente. Em geral, ele vive para o agora, pois tem a sensação de que tudo passa muito rápido e é necessário aproveitar. Obviamente, quando exagerada, essa abordagem leva a caminhos tortuosos, mas tende a orientar uma perspectiva de vida que enfatiza o sucesso e a satisfação com o trabalho em si.

Há algumas décadas, esse era quase um sonho irreal, impossível. Gostar do que se faz no trabalho era para poucos, um privilégio de quem não precisava se preocupar com retorno financeiro ou a excentricidade de quem ousava fazer diferente.

Bem, o jovem de hoje em dia é ousado por natureza, quase como se aprendesse essa disciplina na escola. Com empolgação, ele avança e retrocede sem perder o entusiasmo, faz e desfaz sem abrir mão do foco. Quase como um atleta, ele se dedica de corpo e alma ao propósito de conquistar o que deseja, não importando que preço precise pagar.

Porém, a empolgação que envolve grandes planos precisa de uma base sólida para que se concretizem, coisa que os jovens de todas as gerações pecam em perceber. A sensação de poder que temos durante a juventude pode facilmente convergir nas tão conhecidas mancadas.

Por isso, faz-se necessário o diálogo frequente entre as gerações, que somam esforços quando o objetivo é comum e todos estão engajados. Olhar para trás e dizer "devíamos ter feito isso e aquilo" é relativamente simples, qualquer pessoa com o mínimo de bom senso pode o fazer. No entanto, o verdadeiro desafio está em olhar para frente e saber que decisões tomar, o que delegar a quem e em que momento os fazer.

Basta olhar para os corpos executivos de algumas das grandes empresas do mundo atual para perceber o quanto essa diversidade está fortemente presente. Encontramos, sem muita dificuldade, uma grande variedade de CEOs, CMOs [Diretores de Marketing] e CTOs [Diretores de Tecnologia] de várias gerações, muitas vezes trabalhando juntos nas mesmas equipes.

De maneira bastante clara, esse é o cenário que nos mostra os caminhos futuros. Remar contra a correnteza nos fará desperdiçar energia apenas para ir na direção oposta a que gostaríamos.

A infindável trilha ao sucesso começa com um pedaço, ainda que pequeno, de algo grande. Há quem se engane ao pensar o contrário.

Fracassar é aprender, se você souber para onde quer ir. E fracassamos o tempo todo, nas mais diversas proporções e intensidades. Fazemos escolhas erradas, precipitamo-nos, deixamos de lado coisas importantes para nos ater a questões triviais. Deixamos de admirar a belíssima paisagem atrás da janela para limpar aquele borrão insignificante no vidro.

Mas isso não significa algo ruim, muito pelo contrário. Encarar o fracasso como aprendizado é uma questão de escolha, uma alternativa ao conhecido *freeze*, que assola muitas pessoas, tanto na esfera pessoal quanto na profissional. Por isso, fracassar é aprender, mas muito disso se deve à sua atitude.

No mundo atual, somos o tempo todo compelidos a aprender algo novo. Sentamos na mesa do café na esperança de não ter que se preocupar com nada até as 9h da manhã quando, sem mais nem menos, somos surpreendidos com uma pergunta do garoto mais novo: "papai, o que é uma utopia?".

Como adultos, não é difícil conceber a ideia de que uma utopia é simplesmente algo idealizado e fantasioso, que não é prático. Mas como explicar esse significado tão abstrato a uma criança? Seu dia já começou com um grande desafio, que é conseguir aproveitar o café enquanto encontra uma maneira de explicar ao rapaz uma coisa que está a anos-luz de distância de qualquer elemento da realidade dele.

Na esperança de que ele finalmente se dê por satisfeito e pare de insistir, você decide esboçar uma explicação: "uma utopia é uma coisa que não pode existir de verdade. É como se você não estudasse e tirasse dez. Isso é uma utopia." Bingo. Problema resolvido. Sinta-se congratulado com tamanha façanha, porque não é para qualquer um. Você termina o café se sentindo orgulhosíssimo do feito.

Minutos mais tarde, enquanto está parado em um sinal vermelho, você decide ligar o rádio para ouvir as novidades sobre a economia do país. Então, o radialista profere a seguinte frase: "O PIB é o menor da década, com queda de 4,5% em relação ao pior trimestre registrado."

"O que diabos é PIB mesmo?". Você se pergunta, desejando por uma fração de segundo estar no lugar do seu filho com a oportunidade de perguntar isso a alguém que oferecesse uma resposta enxuta. Mas, para sua infelicidade, não é o seu caso. Uma rápida checada no Google (usando o comando de voz, claro, porque afinal você está dirigindo!) enquanto passa por um trecho engarrafado explica e, finalmente, você se recorda das aulas de geografia que teve no ensino médio (mas resolve ignorar a triste lembrança de que ficou de recuperação).

PIB é uma sigla que significa Produto Interno Bruto. Ele é a soma de tudo aquilo que um país arrecada durante o período avaliado. A queda no PIB o afeta? Eu deveria saber disso? De repente você percebe que não foi sábia a decisão de matar tantas aulas daquele professor que, no fundo, realmente só queria o seu bem.

Ansiedade. Você começa a pensar em todas as coisas que supostamente deveria saber, lembra do seu dinheiro guardado na poupança e sente um calafrio quando ouve o jornalista pronunciar a palavra inflação. A história se repetiria? Nesse caso, pouco provável. Mas você não deixa de ficar aflito ao pensar na quantidade de coisas que deveria saber, mas não sabe.

Evitar essa situação é essencial para não deixar que o desespero tome a frente da sua vida por você. E, para isso, você precisa lidar com o fato de que o conhecimento deixou de ser uma caixinha que você abria durante os quatro anos da faculdade e fechava logo que recebia o canudo. Hoje, ele está mais para uma cachoeira que você deve aproveitar sem se preocupar com as partes da trilha pelas quais não passou.

Esse conceito ficou conhecido como lifelong learning, que nada mais é do que o aprendizado como algo contínuo, que perdura por toda a vida.

A ilustração anterior, embora simplificada, explica a essência do aprendizado pela vida. Você está, queira ou não, sempre aprendendo. Não há como fugir disso.

E nem há um porquê. O lifelong learning acaba com aquela velha ideia do aprendizado como algo chato e cansativo para incorporá-lo em nosso cotidiano como algo prazeroso. Aprender, assim como ensinar, é uma atividade saudável, que une pessoas e proporciona experiências únicas. Além disso, todo aprendizado nos deixa mais próximos do nosso objetivo. Simples assim.

O mercado e a concepção de vida que conhecíamos acabou, dando lugar a um ambiente mais dinâmico, desafiador e instigante. Cada dia é uma nova jornada rumo ao sucesso, com novas aventuras e obstáculos até então desconhecidos.

As empresas de antigamente costumavam valorizar muito mais as *hard skills*, ou habilidades técnicas, e formações acadêmicas de renome. Mas o mundo de hoje é imprevisível e, por isso, as empresas passaram a voltar seu olhar para as *soft skills*, imprescindíveis aos desafios do mercado atual que muda o tempo inteiro e nos obriga a o acompanhar.

Nesse panorama, hoje, *headhunters* de grandes empresas de recrutamento têm predileção por capacidade e desejo de aprender continuamente, além de adaptabilidade, deixando em segundo plano as linhas do currículo que indicam formação acadêmica, mestrados e MBAs. As startups de hoje (e assim também as big companies, que precisam agir como tal) gostam de quem entrega, não de quem diz que vai entregar.

Outro grande exemplo desse dinamismo do mercado é o caso da Netflix. Ainda que não seja o maior fã de séries como *Black Mirror*, *The Walking Dead* ou *Stranger Things*, certamente você conhece uma ou duas pessoas que não dispensam um fim de semana grudadas no smartphone, tablet ou TV. E isso deixa claro o sucesso avassalador de uma das companhias mais rentáveis da história.

Bem, se você tem vinte anos ou menos, não deve se lembrar da gigante Blockbuster. Resumidamente, ela era a Netflix de três décadas atrás, quando não havia internet nem plataformas de *streaming*. O que aconteceu foi que a Netflix apareceu com ideias ousadas, diferentes e revolucionárias. A concorrente que, à época, era trocentas vezes maior, não deu bola, e esse foi um grade erro que causou o fechamento de suas portas.

Devemos pensar no caso da Netflix não como algo isolado, mas como um padrão que se repetiu e vem se repetindo um número considerável de vezes para ser entendido como determinante. O mundo mudou e, com ele, as empresas, a sociedade e as pessoas que a constituem.

E o que leva as empresas ao sucesso é, sobretudo, esse último fator: as pessoas. Líderes das mais diversas áreas de atuação precisam dar autonomia para os executivos colocarem em prática aquilo que precisa ser feito. Precisam encarar a dura realidade de abrir mão do ego e do *status* para delegar suas funções a quem está mais capacitado.

Assim, a figura do engravatado de Harvard precisa dar lugar ao jovem de calça jeans para que a coisa aconteça. Mesmo que esse segundo venha também de lá, o que não será problema. Esses líderes de grandes empresas (apelidados carinhosamente no meio corporativo de "cabeças brancas") devem liberar espaço e descer do pedestal se quiserem preservar seus negócios.

Por outro lado, é comum também que o contrário aconteça. Vemos uma quantidade exorbitante de startups que emergem apenas para, alguns meses depois, afundar no mar do fracasso. Mas não é de dinamismo e agilidade que o mundo corporativo precisa?

Combinar a maturidade de quem vivenciou as mais diversas experiências nessa verdadeira guerra que é o universo das empresas com a flexibilidade de quem ainda não as teve é, sem sombra de dúvida, o caminho para o progresso.

CAPÍTULO 6

Fintechs *versus* traditional banks

"Quando o estresse, a preocupação, a trabalheira e a dor de cabeça são maiores do que a perspectiva do sucesso ou mesmo de uma alegria, é porque trabalhar perdeu o sentido."

— MARCELO ZALCBERG,
diretor do Banco Nacional/Unibanco, vice-presidente da AIG Seguros, ex-presidente da Herbalife no Brasil e empreendedor em série desde 2012 em sociedade com Marcelo Smarrito

Por mais desafiador que pareça conceber um mundo sem internet, ele de fato costumava ser assim. Há trocentos anos, alguém teve a brilhante ideia de executar a função de *holder* das moedas dos outros. À época, obviamente, esse termo sequer existia, mas a finalidade já era uma realidade.

Nasciam, então, os bancos: instituições financeiras responsáveis por guardar o seu dinheiro para poupar você da árdua obrigação de ter que carregar sacos enormes de moedas e, milênios mais tarde, malotes de notas enroladas em um elástico. Desde lá, os bancos têm exercido uma função importantíssima para a sociedade, e assim o fazem até os dias de hoje.

No entanto, com o advento da internet e o processo de "smartização" das coisas, o dinheiro também sofreu algumas alterações em virtude da Indústria 4.0. O maior exemplo disso são as famosas moedas digitais, como o Bitcoin, que ascenderam em meio a essa verdadeira revolução tecnológica pela qual passamos.

As moedas digitais nos obrigam a, no mínimo, refletir a respeito do valor do dinheiro. Imagine que naquele passado remoto citado no início deste capítulo, milênios antes mesmo de a eletricidade ter sido descoberta, os homens usavam uma técnica de troca chamada escambo, que significava basicamente trocar uma coisa pela outra. A negociação era realizada com a coisa em si, e não havia nenhum objeto mediador na operação.

Algumas centenas de anos mais tarde, alguém teve a brilhante ideia de cunhar alguns símbolos em pequenos botões de ouro ou outro metal precioso, indicando o domínio de certas províncias. Nascia então a moeda, facilitando a vida do homem e tirando o escambo de cena.

Porém, como nem tudo que reluz é ouro, logo o homem percebeu que esse processo custava muito caro e que seria de bom tom deixar as pedras preciosas guardadas em um lugar seguro enquanto as pessoas circulavam com algo que não pesasse tanto seus bolsos. Nascia, então, a nota promissória, que mais tarde ficaria vulgarmente conhecida como dinheiro.

Eras da humanidade mais tarde, cá estamos nós, ainda cultivando uma relação com esse papel que nada mais é do que um consenso de valor que atribuímos a ele. Contudo o dinheiro, assim como inúmeras outras coisas que são parte do nosso cotidiano, tem sido digitalizado.

Isso mesmo, dinheiro virtual. O consenso de valor nunca foi tão abstrato quanto nos dias de hoje, mas isso não significa que ele não exista. Pare e reflita por um instante: se a maioria das empresas (todas para ser mais preciso) se viu obrigada a embarcar no processo de digitalização de algumas de suas atividades, por que seria diferente com os bancos?

A presença dos bancos com agências físicas ainda é fortíssima, porém, cada vez mais, esses gigantes têm perdido espaço para as *fintechs* e bancos digitais. Nasce uma nova era da nossa relação com esse consenso abstrato de valor. E, como em toda grande transição, é necessário um profundo conhecimento dos players de mercado, assim como de todos os agentes que influenciam e são influenciados por sua movimentação.

Na emergente necessidade do encontro entre as gerações (de um lado, o jovem velho que é obrigado a se reinventar e fala com a propriedade de quem viveu e, do outro, os jovens ágeis com a garra e a determinação, mas com pouco conhecimento prático de mercado), o mercado financeiro se situa como uma interseção.

O ano é 2012. Após algumas perdas consecutivas no mercado de ações, Marcelo Smarrito se encontra motivado a mudar seu ramo de atuação e a embarcar em novas aventuras. Nesse cenário, o retorno a um ambiente conhecido seria uma excelente opção.

No subsolo de um shopping na grande capital de São Paulo, Smarrito marca seu retorno a um grupo de antigos amigos, que pilotam a gigante do fitness, Bodytech. Os novos horizontes e as recentes perdas o fazem se sentir inseguro, mas desistir não está em seus planos. Terminada a série de exercícios, como era de praxe do empresário, ele se dirige ao restaurante para almoçar.

Então, acontece um reencontro inesperado. O xará, Marcelo Zalcberg, executivo, pós-graduado em economia na Inglaterra, com ampla experiência no setor financeiro, também enfrentava uma transição de carreira e seguia os caminhos de tentar empreender. A conversa entre os dois foi breve, mas extremamente rica e produtiva.

Uma nova luz na turbidez daqueles dias que pareciam tão incertos começava a surgir. Nada estava bem definido, mas ambos sentiam que algo grande sairia daquela startup ousada de jovens determinados. Com a experiência de Smarrito e Zalcberg, a empolgação dos jovens ganharia um novo rumo, com destino a uma venda extremamente bem-sucedida para o Banco Original três anos mais tarde.

Obviamente, você sabe que jamais devemos começar uma história pelo fim se não houver um motivo forte para tal. A justificativa é bastante simples: esse foi apenas o início da gigante PicPay no Brasil.

Na época, o conceito de *digital wallet* ainda era uma realidade muito remota e distante. A desconfiança da população geral quanto à utilização de bancos digitais começava a diminuir, mas ainda estava muito presente.

Smarrito havia acabado de retornar de uma experiência inusitada pelos Estados Unidos, em que foi convidado a integrar temporariamente um comitê estratégico da gigante Burger King. Apesar de ter recusado a proposta para que oficialmente fizesse parte do time, aquele período em Miami o proporcionou um aprendizado impagável, algo que mudaria algumas de suas perspectivas.

Era impressionante a maneira como as pessoas já naturalizavam os meios digitais de transferências bancárias. Em alguns lugares, era difícil que as pessoas aceitassem dólares físicos, em espécie. Troco, então, era quase uma piada. Smarrito retorna ao Brasil com a semente de uma ideia que renderia frutos em um futuro não muito distante.

Em uma outra viagem, dessa vez para a Ásia, Smarrito se depara com uma cena ainda mais impressionante: um indivíduo em situação de rua que segurava uma latinha com um QR Code para receber esmolas digitalmente. O homem balança a lata vazia, sem o conhecido barulho das moedas, mas o que chama a atenção de Smarrito é, na verdade, a imagem que está presenciando.

É interessante repararmos que a carência financeira, infelizmente, ainda existe, mas que até mesmo ela precisa se readaptar para dialogar com o mundo digital e suprir suas necessidades.

Após negar o convite do Burguer King, Smarrito retorna ao Brasil com a mente explodindo de ideias para entrar em mercados nunca explorados por ele. Contudo, sem uma equipe forte e altamente capacitada, tudo seria bem mais difícil. Era necessário um time de verdadeiros especialistas.

Marcelo Zalcberg menciona o projeto dos jovens residentes em Vitória, no Espírito Santo, que demonstra um potencial enorme. Contudo o *mindset* que a equipe aparentava seguir parecia precipitado aos olhos de Smarrito. Depois de algumas reuniões com o comitê estratégico de uma das maiores empresas do mundo, sua sensibilidade estava afiada como a de um falcão prestes a avançar em direção à sua presa.

A *expertise* e o olhar cartesiano de Smarrito para o mercado financeiro, somados ao traquejo e à sensibilidade de Zalcberg redirecionava a então emergente *fintech* PicPay para novos horizontes mais bem orientados. Assim, o PicPay começava sua jornada triunfal. Os jovens que deram início ao projeto possuíam garra e determinação. Bastava o olhar mais maduro e experiente de quem os orientasse.

Zalcberg, por sua vez, havia passado por grandes empresas de diferentes setores, sobretudo bancos. Essa experiência ampla e dinâmica lhe proporcionou uma visão bem estruturada de diferentes mercados e uma sensibilidade fora do comum para detectar oportunidades de negócios. Quando decidiu que estava na hora de mudar, de ousar, Zalcberg foi a todos os cantos buscando oportunidades de *business* inovadoras que oferecessem retorno com alavancagem.

O PicPay parecia mais uma oportunidade ideal. Ambos sabiam que nenhuma startup que deixasse de fora o design thinking ou a tecnologia duraria mais do que duas semanas na verdadeira selva que é o mercado de empresas emergentes. O mote "every company is a digital company" nunca havia sido tão preciso até aquele momento.

Com o objetivo de criar uma metodologia que unisse a criatividade necessária para constantes readaptações bem-sucedidas e as habilidades específicas, ou *hard skills*, dos profissionais necessários à implementação de projetos, o design thinking surgiu como um conceito inovador, uma ideia para transformar outras ideias em *cases* de sucesso.

Seguindo uma lógica de continuidade, Smarrito e Zalcberg desenvolvem um projeto na Argentina com os mesmos moldes do PicPay. A ideia era oferecer uma solução de pagamentos para um banco do país que se interessou pelo sucesso da startup que havia sido sucesso no país vizinho.

Outro grande sucesso, a experiência ofereceu não apenas a rentabilidade que buscavam, como também um aprendizado sem igual com o desenvolvimento de um modelo de negócio que seria copiado inúmeras vezes.

Constatando a necessidade emergente de as empresas migrarem para o universo digital, a dupla então decide inaugurar uma metodologia para facilitar essa transição: o Go Digital.

O Go Digital é basicamente uma fórmula, uma receita que as empresas devem seguir para efetuar essa migração para o mundo digital com sucesso. Através dela é possível obter o suporte necessário à transição, evitando perdas desnecessárias de tempo e recursos.

O digital veio para ficar, não há exceção. Perceba que hoje em dia até mesmo a lojinha de utensílios para o lar no bairro próximo de onde você vive tem uma conta no Instagram para divulgar seus produtos e suas promoções. Ninguém escapou de se tornar digital. E quem tentou acabou fechando as portas ou está fazendo o fechamento das contas. A tecnologia tomou conta de nossas vidas, passando a fazer parte de todos os momentos do dia.

Você acorda e se depara com um nascer do sol que ilumina sua sala de maneira belíssima, quase desenhando uma paisagem dentro do seu apartamento. Então, a primeira coisa que você faz, antes mesmo de apreciar a cena, é enfiar a mão no bolso, puxar o *smartphone* e fazer um registro do momento para postar no Instagram, Facebook ou *status* do WhatsApp. Em vez de aproveitar o momento, você se preocupou instantaneamente em compartilhar por meio de um dispositivo que registra todas as suas atividades.

Há quem encare essa realidade como algo bom, e há aqueles que sentem uma nostalgia imensa pelos tempos em que a tecnologia mais avançada era um telefone móvel tão grande que precisava de uma maleta para ser transportado. Sim, uma maleta de mão só para carregar o celular. E ele não era *smart*, não tinha internet.

Durante quase toda a primeira década do século XXI, a tecnologia do momento eram os chamados *future phones*, ou telefones do futuro em bom português. Você estava satisfeitíssimo com seu Nokia (que já havia caído no chão algumas vezes e continuava ileso) quando, de repente, alguém aparecia com um tal de V8, novidade mais quente da Motorola. Que telefone moderno e descolado, parecia coisa de filme. O aparelho era mais fino do que um dedo, tinha acabamento em aço preto escovado, abria em flip e tinha os botões iluminados com uma luz azul neon.

Botões, sim. Botões. Os celulares não tinham *touchscreen*. Sua tela era coberta por um vidro razoavelmente elegante que não interagia com a ponta dos seus dedos. Esse era o telefone do futuro.

Se considerarmos a velocidade das inovações tecnológicas nos últimos cem anos, podemos constatar que ela foi exponencialmente maior nesses últimos dez anos, superando de longe os noventa anos anteriores. O que era considerado telefone do futuro há dez ou vinte anos atrás passou a ser peso de papel.

O que isso nos aponta em relação ao futuro? Que precisamos manter os olhos abertos e o cérebro ativo para acompanhar esse ritmo frenético de mudança e readaptação.

Por outro lado, se a tecnologia nos incumbiu de tarefas subjetivas, como responder a inúmeras mensagens de pessoas com quem você dificilmente conversaria pessoalmente ou acompanhar todas as novidades das suas páginas favoritas, ela nos deu um poder de decisão nunca visto na história.

Com a internet e, consequentemente, o mundo na ponta de nossos dedos, nossa gama de opções aumenta grandemente para as mais simples decisões. Obviamente, isso também colabora para nos confundir, mas, se soubermos usar as ferramentas de maneira a nos favorecer, deparamo-nos com vantagens incríveis.

Você compra uma passagem aérea e, automaticamente, o Google registra o dia e a hora do seu voo em sua agenda digital, vinculada à sua conta. Ao entrar em uma loja para comprar um eletrodoméstico, você tem a opção de comparar dez, talvez cem valores em lojas e promoções diferentes daquela que está vendo e até mesmo de barganhar o valor com o vendedor na esperança de que ele cubra o preço da concorrência.

Ou, então, digamos que você queira levar sua esposa para jantar em um lugar especial. Afinal, não é todo dia que se completa dez anos de casamento. Uma rápida pesquisa no Maps e você tem pelo menos dez opções de restaurantes para ir. Entre as opções do menu, frutos do mar, carnes e até comidas exóticas aguardam pacientemente que você resolva onde comemorar esse dia tão especial.

São retratos diferentes de uma mesma realidade. Um não anula o outro, eles coexistem, compartilhando o mesmo tempo e espaço com você e sua linda esposa. Tudo é uma questão de perspectiva.

Olhe à sua volta. Como você acha que as pessoas têm usado a tecnologia? Como você acha que as pessoas têm tomado as decisões mais importantes de suas vidas? De que maneira você acha que elas têm administrado seu dinheiro, esteja ele em um banco com agências físicas ou sob os cuidados de uma *fintech*, banco digital ou lastreado em uma moeda digital ou NFT?

Tudo é uma questão de decisão. Temos mais opções do que nunca, mas, de alguma forma, demonstramos uma completa inabilidade de tomar a frente da nossa própria vida e decidir por nós mesmos o futuro que desejamos conquistar.

As inovações tecnológicas, apesar de amplamente diversas, têm um objetivo comum: facilitar nossas vidas, diminuindo a quantidade de etapas entre nós e nosso objetivo. A decisão sobre o que fazer com elas é nossa.

Ignorar o amigo ao lado sempre foi uma opção viável, mas agora temos uma desculpa para fazê-lo. Uma verificada no celular sob a desculpa de que "o trabalho não para" isenta-nos de qualquer papo inconveniente, não é mesmo?

Fintechs, Fitnesstechs, Insuretechs, Healthtechs, Edutechs. Apesar de atuarem em setores diferentes, todas nos apontam o que não podemos negar: a tecnologia, cada vez mais, é presença irrefutável em nossas vidas.

Desde que o homem é homem, a vida se resume na caminhada que precisamos fazer para sair de onde estamos e chegar aonde queremos. Agora, reflita por um instante: você tem usado seus recursos, tecnológicos ou não, a favor ou contra seus objetivos? O seu dinheiro, independentemente do montante, sendo digital ou não, está deixando você mais perto ou mais distante das suas realizações?

O caso do PicPay é um modelo, um padrão que todos os setores da economia deverão seguir para se adaptar ao mundo contemporâneo: a inevitável transição do antigo para o novo, do analógico para o digital.

A maneira como nos relacionamos também se adaptou a esses tempos turbulentos, mas não enfraqueceu nossos laços, apenas os filtrou. Assim como temos a opção de ignorar um velho amigo que encontramos durante o almoço, também podemos trocar uma ou outra forma de contato digital, estendendo aquele momento que, sem a tecnologia, ficaria limitado a uma aleatoriedade casual. Foi dessa maneira, por exemplo, que o próprio PicPay emergiu: do reencontro de dois bons velhos amigos.

A amizade entre os xarás Smarrito e Zalcberg nos mostra que o antigo ditado "amigos, amigos, negócios à parte" ficou no passado, junto com o *future phone* e a concepção superficial de que a tecnologia dificulta as coisas quando, na verdade, tudo é uma questão de perspectiva. Cabe a nós decidir.

CAPÍTULO 7

Fitnesstechs

"Treinar as pessoas de maneira remota, online e ao vivo é um grande desafio e, certamente, uma prova que distingue os professores de hoje dos de amanhã."

— RICARDO LAPA,
educador físico e fundador da Academia Foguete

Você acorda em um belo dia com a notícia dos primeiros casos de Covid-19 registrados no Brasil e se vê forçado a ficar em casa, a aderir ao isolamento social. O que antes parecia charme de quem não era muito fã de socializar virou o novo padrão.

Trabalho? Em casa. Aulas da faculdade? Em casa. Escola dos seus filhos? Em casa. De repente, você está trancado naquele ambiente que fora um refúgio das obri-

gações, mas que agora passa a ser o centro delas. Como lidar com esse desafio?

Certamente a maioria encontrou uma grande resistência para se adequar às medidas do *lockdown*, mas acabamos descobrindo ser mais fortes do que pensávamos. Driblamos a crise e saímos de nossas residências para um novo despertar.

Em meio a esse cenário caótico e até então sem solução, a economia se deparava com uma queda nunca vista. Estabelecimentos fechando, empresas falindo. As escapatórias para quem gerenciava algum tipo de empreendimento pareciam cada vez mais difíceis.

Como em toda crise, um novo cenário toma forma. Muitas empresas são obrigadas a fechar as portas. Outras se voltam às oportunidades que o mercado oferece. Esse foi o caso da Bodytech, uma rede de academias que aproveitou o momento para impulsionar uma iniciativa digital que havia começado muitos anos antes: o aplicativo BTFIT.

A ideia do BTFIT surgiu com o intuito de oferecer um serviço digital que tornasse possível a prática de exercícios físicos em casa, com orientação adequada e resultados consistentes, através de diversos tipos de treinamentos. O futuro das fitnesstechs começava a mudar.

O BTFIT tem início como um desdobramento do grupo Bodytech (conceito conhecido como *spin-off*), em que a oportunidade para o modelo de negócio foi identificada através de uma grande tendência que emergia à época de sua criação: a grande explosão das plataformas de *streaming*.

Se você nasceu nos anos 1990, deve se lembrar, por exemplo, do *Compact Disc*, mais conhecido como CD. Se você nasceu nos anos 2000, é bem mais provável que ouça seus artistas preferidos no Spotify ou Deezer. Bem, esses são dois exemplos das tais plataformas de *streaming*, que possibilitam um universo de opções *on demand*. Ou seja, você escolhe o que quer ouvir, quando quer ouvir.

Outro grande exemplo dessas plataformas é a Netflix. Ainda que não seja um grande fã (o que é quase impossível), certamente você já ouviu falar dessa gigante provedora de conteúdo audiovisual *on demand*, como séries e filmes. Com um login e uma senha, você escolhe o que quer e quando quer assistir.

No mundo agitado e dinâmico em que vivemos, o conteúdo *on demand* tem se mostrado uma tendência indiscutível. Há algumas décadas, para assistir ao lançamento de um filme você precisava ir até o cinema e pagar um preço considerável para se sentar em uma daquelas poltronas confortáveis. Se quisesse ouvir o novo álbum do seu artista preferido, era necessário ir até uma loja e adquirir o tal CD. Tudo isso é quase uma realidade paralela duas décadas após o início do século XXI.

Por que não, então, levar esse conceito do *on demand* para dentro (ou para fora, sendo mais preciso) das academias? Foi o que algumas mentes reflexivas pensaram durante um pós-treino de uma certa manhã de 2012.

Inicialmente, havia uma grande questão, que era o receio que a grande maioria das pessoas demonstrava sentir com relação a se exercitar em casa de maneira equivocada e acabar desenvolvendo um problema crônico como lesão por esforço repetitivo ou tendinite. Sem a orientação de profissionais adequados, realmente havia esse risco. Mas e se essas pessoas fossem orientadas? E se houvesse uma grande equipe de profissionais realizando esses treinamentos em tempo real, a distância?

Durante um jantar no Rio de Janeiro, um dos sócios fundadores da Bodytech começa a arquitetar aquela que seria a maior iniciativa do ramo de *fitness* do Brasil.

"Por que vocês não desenvolvem uma iniciativa digital na Bodytech? Vejo um potencial enorme em vocês." O amigo era Alberto Sicupira, atleta e membro do grupo 3G Capital. Os dados estavam lançados.

Ideias são esboçadas, reuniões marcadas e os primórdios do aplicativo começam a ganhar vida. O ano era 2012. A humanidade sequer imaginaria que menos de uma década depois estaria passando pela maior crise desde a Grande Depressão.

O objetivo inicial era oferecer um MVP (do inglês Minimum Viable Product, ou produto mínimo viável) em até um ano — o que não aconteceu. Não por falta de iniciativa, mas pela complexidade que o projeto demandava. Só para desenvolver o aplicativo em si foram necessários três designers, todos com ampla formação e experiência tanto em desenvolvimento de sistemas quanto na área *fitness*. Imagine a dificuldade para se conseguir um bom designer. Agora multiplique isso pelo desafio de encontrar três deles, todos com conhecimento em uma outra área específica. Esse não era um desafio para qualquer um.

Além disso, o dilema que assola as empresas do século XXI mais uma vez vinha impor sua força: a necessidade de uma gigante do mercado se comportar como startup, sempre se reinventando.

No caso, os sócios da Bodytech receavam a estreia de um novo produto no mercado, ainda que fosse lançado através de uma iniciativa relativamente independente. Contudo o universo digital vinha crescendo tremendamente, e não estar nesse mercado seria assinar a própria carta de falência. Esse foi um equívoco que a Bodytech não cometeu. Apesar de, mesmo assim, tê-lo feito mais caro do que precisava e menos célere do que deveria.

Entenda que a digitalização de empresas não é uma questão de opção ou alternativa. Mesmo que você seja dono de um antiquário, sem ao menos um perfil no Instagram, sua loja caminha para o mais profundo esquecimento.

As transformações no mundo dos negócios funcionam mais ou menos como uma corrida: ainda que, às vezes, você fique encantado com o simples fato de estar aproveitando a pista, precisa continuar atento se quiser permanecer em primeiro lugar. A diferença é que, no mundo empresarial, quer isso agrade a você ou não, cada volta na pista é uma nova aventura, porque as curvas mudam de lugar. Ou você acompanha ou fica para trás.

Em setembro de 2015, o MVP do BTFIT é finalmente inaugurado. Durante o primeiro ano, a receita gerada foi quase inexistente. Muito dinheiro era aplicado nas diferentes frentes de ofertas de conteúdo apresentadas pelo aplicativo para fazer com que o negócio decolasse, mas ele caminhava a passos curtos.

O BTFIT foi inicialmente idealizado através de duas formas de consumo. Após baixar o aplicativo gratuitamente, o usuário poderia fazer aulas coletivas gravadas por professores da Bodytech, que foram treinados para as produzir, divididas em modalidades como dança, abdominal ou HIIT. Nenhuma dessas aulas demandava nenhum tipo de equipamento para sua realização e duravam, em média, de 15 a 30 minutos.

A segunda opção seria otimizar as séries realizadas na academia através do personal trainer online, conceito viabilizado através de um algoritmo desenvolvido pela própria BTFIT, que recolhia uma série de dados dos usuários para abastecer um banco de dados que permitia o desenvolvimento de estratégias voltadas às necessidades específicas de cada perfil. Dessa forma, seria possível atender tanto quem estava começando a se exercitar quanto quem já estava acostumado com a prática e tinha a possibilidade de utilizar os próprios aparelhos, fosse em casa ou na academia.

Inúmeras atualizações foram realizadas nos anos posteriores, sempre com o objetivo de aprimorar os serviços. Em casa, quem era usuário do aplicativo recebia o melhor conteúdo no que diz respeito às séries de exercícios. Nas redes sociais, diversos influenciadores digitais apresentavam o conceito àqueles que ainda não conheciam. O BTFIT crescia a cada dia.

Cerca de um ano após o lançamento do MVP, o BTFIT deixa de ser um passivo para se tornar um ativo. Com mais parcerias sendo fechadas e novas aulas gravadas sendo lançadas, o negócio ganha asas e passa a alçar voos mais altos.

Obviamente, criar um serviço generalizado apenas com o objetivo de estimular a atividade física seria uma iniciativa um tanto superficial. Grande parte das empresas se vê obrigada a fechar as portas por causa da ausência desse olhar voltado à especificidade das necessidades de diferentes perfis de clientes. Assim, a experiência oferecida pelo BTFIT foi se tornando mais e mais completa. Os programas de treinamento foram sendo aprimorados com o intuito de atender a públicos cada vez mais específicos.

Uma abordagem voltada ao cliente é de suma importância para preservar qualquer atividade econômica no mundo atual. Dificilmente o público consumidor sofre pela falta de opções. O mais comum é que sofra pelo excesso delas. A partir daí, o diferencial se torna praticamente um conceito básico para o desenvolvimento de qualquer empreendimento.

Além disso, se por um lado a facilidade de acesso ao universo digital aproxima o cliente do negócio, por outro acaba o afastando. A facilidade de se tomar uma decisão é uma verdadeira faca de dois gumes. No mundo digital é mais fácil contratar serviços, o que é ótimo. Mas essa facilidade também está presente na hora do cancelamento ou da desistência. Tudo pode acontecer em um clique. Assim, lidar com essa árdua tarefa de preservar o interesse do cliente em um mundo cada vez mais competitivo torna-se outro grande desafio.

Até o início da pandemia, o aplicativo BTFIT havia acumulado cerca de quatro milhões de downloads. O fechamento das academias em função do *lockdown* causou uma série de problemas no funcionamento das plataformas digitais. Assim, o que a maioria entenderia como um problema acabou sendo uma oportunidade sob o olhar de quem entende como funciona o mundo do *business*. Afinal, onde há fumaça, há fogo.

Essa é uma das grandes belezas do ambiente digital: a facilidade da adaptabilidade. Imagine que, há vinte anos, não existia a possibilidade de contatar seu provedor de armazenamento e simplesmente pedir um aumento da capacidade instalada. Sem o armazenamento na nuvem, uma série de trâmites precisaria ser executada através de meios bem mais lentos e burocráticos. Facilidade ou desafio? É tudo uma questão de ponto de vista.

Outra grande jogada dos idealizadores do BTFIT no período inicial da pandemia foi oferecer acesso gratuito durante trinta dias, período esse que antes era de apenas uma semana. Se havia dúvida por parte do potencial usuário, havia também a oportunidade de saná-la rápida e gratuitamente. Quem confia no seu taco nunca perde o jogo.

Para se ter uma ideia da dimensão da importância dessa interatividade quase instantânea com os acontecimentos do mercado, apenas o oferecimento desse acesso gratuito por período estendido aumentou dez vezes o tráfego do aplicativo. Os três meses seguintes registraram uma média de um milhão de novos downloads.

Nas olimpíadas de 2021, adiadas em função dos *lockdowns* que aconteceram em todo o mundo, alguns atletas declararam ter realizado seu treinamento em casa. Muitos que se interessavam pela ideia de se exercitar em casa hesitavam com receio de que não fosse tão eficaz ou mesmo de que não funcionasse. Se foi possível chegar às olimpíadas com esse tipo de treinamento, impossível seria apenas aceitar sua ineficácia.

A funcionalidade do treinamento, obviamente, divide opiniões. Contudo negar sua eficácia seria ao menos uma grande tolice. Ninguém afirma ter achado um restaurante ruim por oferecer muitas opções no cardápio, mas, de alguma maneira, algumas pessoas encontram motivos para colocar defeito nas iniciativas digitais.

Um dos fatores mais apontados pelos críticos do mundo tecnológico é a ausência ou escassez de atividades e programações ao vivo. Muitos ainda sentem que o conteúdo, seja de entretenimento ou de aprendizado, por não ser ao vivo, perde um pouco do apelo.

Pensando nisso, algumas plataformas digitais oferecem um tipo de conteúdo híbrido, como aulas gravadas (que no momento original de ocorrência foram ao vivo) ou mesmo atividades coletivas que visam a interatividade como destaque.

Com exceção dos esportes e das notícias, que ainda têm um forte apelo voltado ao momento dos lances e ocorridos, a tendência é que esse tipo de conteúdo fique cada vez menos disponível. O tempo é escasso, e já concorre com uma série de fatores infindáveis. Por que arrumar mais concorrência se temos a opção de escolher o quê e quando assistir?

Assim, não poderia ser diferente quanto à prática de exercícios físicos. Lembre-se de o quanto seu tempo é limitado. Pense a respeito de como seria bom ter uma dose a mais de flexibilidade na sua semana tão corrida. Você gostaria de dar mais atenção a seus filhos e sua esposa, mas precisa conciliar uma série de horários de trabalho, reuniões de última hora e imprevistos com o que há de mais importante na sua vida que são as pessoas que ama. Por que motivo você definiria horário para a execução de mais uma tarefa?

No entanto, quando o assunto é treinar, que consiste basicamente em superar limites, a empolgação e energia contagiante da aula presencial é determinante. A dedicação e a eficácia de um professor dando aula ao vivo para seus alunos faz toda a diferença nos resultados pessoais. Seja a aula individual, orientada por um personal trainer, ou a coletiva.

Com essa sacada, um outro grande *case* de sucesso, que é a Academia Foguete de aulas, percebeu que os treinamentos gravados, por si só, não seriam suficientes para atender a todos os públicos.

O esboço do projeto surge através da postagem de alguns treinos online e ao vivo com os melhores alunos em uma rede social emergente que começava a virar febre: o Instagram. Assim, o acesso ao treinamento seria ampliado e mais pessoas teriam a oportunidade de conhecer sua eficácia. Além disso, toda iniciativa que visa romper as barreiras do que fazemos dá início a algo muito maior.

Como quase tudo na vida, as redes sociais são ferramentas. De que adianta condenarmos seu mau uso se a culpa, na verdade, é de quem o faz?

No começo, aquele projeto emergente sofreu duras críticas por estar distribuindo conteúdos técnicos importantes em uma plataforma tão abrangente como uma rede social. Mas o olhar à frente do que estava acontecendo foi exatamente o que destacou o projeto dos demais.

Enquanto isso, na outra ponta da gangorra, cada vez mais o público implorava para conhecer as séries ou mesmo trechos delas. Tem início, então, o primeiro treinamento online personalizado do professor Ricardo Lapa.

Então a pandemia veio à tona. Com ela, o receio do que poderia acontecer em função do fechamento das academias por todo o Brasil e pelo mundo afora. Mas o que foi motivo de desculpa para alguns significou oportunidade para outros.

Quando o *lockdown* começou, por volta de março de 2020, o professor Lapa já contava com cerca de seis mil alunos online. Lives com os mais diversos treinos no Instagram eram disponibilizadas diariamente e cada vez mais gente demonstrava interesse.

As crises são inevitáveis. São pedras na longa caminhada de um empreendedor até o topo do sucesso. Certamente, esses períodos turbulentos em que tudo parece mudar da noite para o dia, não são culpa nossa, mas a responsabilidade de tomar decisões e escolher o que fazer, sim.

Estando mais ou menos preparado, cada um enfrenta a crise da maneira que é. Da mesma forma, enxergamos as pessoas e situações da maneira que somos, com as formações e experiências que temos. É a velha história do copo meio cheio ou meio vazio: depende de quem vê.

Esse é um conceito fundamental para a sobrevivência de qualquer empresa no século XXI. Obviamente, não é possível ter o controle sobre todos os resultados, mas é certo que muitos deles dependem do *mindset* dos executivos ou idealizadores do projeto.

Quando a ideia parece boa e o time é formado por pessoas competentes, as chances de sucesso são poucas, mas existem. Isso porque, se a ideia parece ruim, não existe interesse sobre ela. Quando parece boa, logo ganha a atenção também das concorrências. Tudo acontece em função dessa percepção e da *expertise* de quem leva o planejamento do papel para a prática.

Só durante o ano de 2020, Lapa realizou mais de mil lives. As redes sociais já funcionavam como canal de comunicação, mas seu uso aumentou significativamente durante a pandemia, indicando um novo nicho de mercado.

A iniciativa, agora já denominada Academia Foguete, recebeu prêmio de primeiro lugar em vendas de produtos digitais na América Latina no ano de 2020 pela plataforma Hotmart. Isso nos mostra a força e a resiliência de um projeto que muitos apontaram como modismo ou mesmo como inviável. Um outro dado corrobora essa consistência: até março de 2022, a Academia Foguete contabilizou mais de 85 mil alunos cadastrados.

Quando questionado sobre o que acredita ter sido o principal fator para o sucesso da Academia Foguete, Ricardo Lapa, fundador da startup, afirma ter sido exatamente a diferenciação entre o conteúdo *on demand* e o ao vivo. Um detalhe que pode parecer simples, mas que é determinante.

Se você já fez um curso online, sabe da diferença entre uma aula ao vivo e uma aula gravada. Ambas têm sua utilidade e atendem a propósitos diferentes. Cada perfil se adéqua melhor a uma experiência, mas é fato que uma aula ao vivo tem um potencial muito maior para entreter e motivar, ainda que não sejam esses os objetivos principais. Com engajamento, tudo fica mais fácil.

Em meio ao grande desafio de instituir uma plataforma online com robustez suficiente para atender a milhares de pessoas, a Academia Foguete encontra ainda espaço para a inclusão de minorias. É comum vermos alunos com algum tipo de deficiência realizando as séries de exercícios durante as aulas tão bem quanto qualquer outro. Ou pessoas sem recursos financeiros, que se tornaram bolsistas, treinado de suas casas. Não é difícil imaginarmos o valor dessa conquista para a vida e alma de quem estava se sentindo desolado durante o isolamento social.

Vale ressaltar que em março de 2022 a Academia Foguete bateu o recorde mundial de uma aula coletiva, com 45 mil alunos treinando simultaneamente, e já está em mais de 17 países.

O desdobramento de propostas como a da Academia Foguete é uma verdadeira explosão de criatividade, tanto para os clientes quanto para o mercado como um todo.

Cuidar do corpo e da saúde se tornou premissa básica para uma vida de qualidade.

Para constatar essa afirmação, basta olhar ao redor e verificar o quanto os mercados são influenciados, direta ou indiretamente, por essa explosão das fitnesstechs. O que há algumas décadas era considerado como mercado de nicho, hoje está praticamente inserido em toda relação social.

Assim, as grandes empresas, procurando acompanhar a velocidade de evolução das startups (que por serem menores acabam sendo mais ágeis), desenvolvem produtos e serviços que, em maior ou menor grau, conversam com a ideia de uma vida mais saudável.

Isso ocorre não apenas com as empresas do ramo alimentício ou afins, mas abarca as mais diversas áreas. Não poderia ser diferente em um mundo tão conectado e dinâmico como o da contemporaneidade.

Para termos uma ideia desse fenômeno, basta analisar os super-heróis da nossa época. O que eles, subjetivamente, nos vendem? Corpos saudáveis, grandes competências, autoconfiança, perseverança. Uma lista infinita de habilidades que podemos e queremos conquistar.

Porém, atrás de todo grande objetivo existe um caminho a ser trilhado, dificuldades a serem superadas, crises a serem vencidas. Ideias que precisam da habilidade de quem transforma o abstrato em concreto. De quem consolida bases fortes, ainda que uma tempestade esteja acontecendo. Sonhar é relativamente simples. O grande desafio se encontra na transformação dos sonhos em objetivos.

Os *cases* de sucesso citados neste capítulo exemplificam, nos mais diversos âmbitos, que toda dificuldade pode e deve ser superada e que todo e qualquer objetivo pode encontrar êxito. Através da democratização do acesso a uma vida mais saudável, milhares de pessoas foram beneficiadas. E muitas mais ainda serão.

Alternativas nunca são demais, muito menos quando a questão é saúde. Os resultados obtidos pelo BTFIT e pela Academia Foguete nos mostram como as iniciativas digitais podem facilitar nossas vidas de maneira criativa, rentável e sem perder nenhum ponto de eficácia.

O mundo mudou. Há quem acompanhe a corrida. Há quem fique para trás.

CAPÍTULO 8

Inovação no Sistema Unimed – Surge a primeira Insurtech Brasileira

"A essência da inovação tecnológica dentro da Unimed é nos perguntarmos como um rinoceronte azul conseguiu parir um unicórnio verde."

— FÁBIO GASTAL, superintendente de inovação da Seguros Unimed

O RINOCERONTE AZUL QUE PARIU UM UNICÓRNIO VERDE.

111

O ano era 2016 e o mês agosto. À época, o mundo sequer imaginaria que quatro anos mais tarde estaria passando pela maior crise sanitária do planeta, mas foi assim que o destino quis. Logo todo o sistema de saúde, público e privado, precisaria se reinventar e se readaptar para sobreviver ao maior desafio imposto à sociedade desde a Segunda Guerra Mundial.

Identificando um mix entre oportunidade e necessidade, o então conselheiro independente da Seguros Unimed, Marcelo Zalcberg, inaugura um novo horizonte na empresa, patrocinando a desafiadora tarefa de abrir suas portas para o mundo digital. Uma equipe de pessoas altamente capacitadas era imprescindível para o feito.

Com esse objetivo em mente, Zalcberg resolve apresentar Marcelo Smarrito ao presidente da Seguros Unimed e a Fábio Gastal, superintendente de inovação da mesma empresa. Seguindo o dito popular que sugere que duas cabeças, ou talvez mais, funcionam melhor do que uma, dava-se início a uma grande parceria.

A Stormia, nome dado ao projeto de inserção da Seguros Unimed no meio digital, contava com inúmeros desafios para sua implementação. O primeiro deles, e provavelmente o maior, era inserir uma big company tradicional em um contexto completamente diferente daquele em que foi inaugurada e desenvolvida.

O passar dos anos colabora fortemente para a consolidação de hábitos, no que tange a nós como indivíduos, e de processos, no que diz respeito às empresas. Estima-se que, para transformar uma atividade em hábito, são necessários de três a seis meses de prática constante e periódica.

Com o tempo, nossos hábitos vão passando a fazer parte de quem nós somos. E com as empresas e seus processos a realidade é bastante similar. Nas big companies tradicionais, tudo parecia consolidado, estável como a terra firme e sólido como uma rocha. Isso até a internet aparecer.

Vamos relembrar o caso da velha Blockbuster. Paralelo a seu império presente em inúmeros países pelo mundo, surge uma tal de Netflix. Alguns executivos percebem a ameaça, mas a maioria deles resolve ignorar e o que temos alguns anos depois é a completa falência da Blockbuster. Por outro lado, em abril de 2021, a Netflix foi avaliada em meros US$225 bilhões.

As inovações tecnológicas que ocorreram no mundo durante as últimas décadas obrigaram tanto os indivíduos quanto as empresas a se reinventar. Novas habilidades e competências passam a ser exigidas, sem qualquer previsão de quando precisarão ser recondicionadas ou mesmo substituídas por outras completamente diferentes.

No mundo contemporâneo é assim. A mudança deixou de ser algo esporádico para se tornar algo inerente à rotina. Flexibilidade deixou de ser um diferencial para se tornar uma habilidade básica de quem deseja sobreviver no mundo corporativo, seja empresa ou indivíduo.

Você deve imaginar (ou sentir na pele, caso esteja naquela idade boa da vida) o quanto é difícil para uma empresa tradicional reformular seus processos para se adaptar a uma realidade completamente diferente. Com a Unimed não foi diferente.

Em tese, a ideia era perfeita. Bastava abrir as portas da empresa para o novo mundo: o mundo digital. Na prática, um verdadeiro pesadelo. Qualquer novidade que precisasse ser implantada precisaria atravessar burocracias e resistências inerentes a praticamente toda a organização.

Fábio Gastal, superintendente de inovação da Seguros Unimed, costuma brincar que a essência de toda essa trajetória (que continua desde a implementação da Stormia) é "como se um rinoceronte azul parisse um unicórnio verde". Vamos entender o porquê.

No mundo corporativo, as startups que emergiram em relativamente pouco tempo ficaram conhecidas como *unicorn companies*, ou empresas unicórnio, em referência à criatura mitológica de mesmo nome. Segundo as lendas da Idade Média, o unicórnio é um ser puro e extremamente raro, fato que motivou sua caça por criaturas bestiais.

A utilização do termo unicórnio para se referir a essas empresas se deu pela primeira vez no artigo *Welcome To The Unicorn Club: Learning From Billion-Dollar Startups*, publicado pela *venture capitalist*, Aileen Lee, em 2013. Nesse artigo, a autora aponta 39 empresas no *ranking* unicórnio. Desde então, o número se multiplicou algumas vezes.

Metaforicamente, essas empresas são exatamente como o significado do termo sugere: raras e extremamente valiosas. Para ser considerada como empresa unicórnio, a *startup* deve ter seu valor de mercado estimado em pelo menos US$1 bilhão.

Quanto ao rinoceronte, trata-se de uma referência ao animal de verdade. Imagine um bicho grande e bruto, com poucas ou nenhuma habilidade para exercer sua maternidade. Esse é o rinoceronte que, inclusive, sofre com o risco de extinção por causa disso.

E assim também era a relação entre a Seguros Unimed e as inovações tecnológicas. Patada para cá e patada para lá, a mãe parecia rejeitar veementemente a ideia de ter um filho depois de tantas décadas vivendo uma realidade de empresa tradicional, demonstrando tanto jeito para lidar com a coisa quanto um rinoceronte para ser mãe. Nascia uma nova cria da empresa para aumentar a família e bagunçar tudo.

Segundo Gastal, a transformação digital da Seguros Unimed precisava cumprir duas missões: a primeira era desenvolver um canal para atender aos clientes individualmente, enquanto a segunda era viabilizar uma plataforma para vendas de seguros.

Vender seguros presencialmente por meio de pontos físicos ou corretores-pastinha já não era lá uma atividade tão eficaz quanto já havia sido. Novas soluções começavam a pairar pelas mentes da equipe de inovação.

Quanto a isso, os espaços colaborativos ajudavam. Profissionais de diversas áreas se reuniam para discutir juntos os trâmites e as consequências de qualquer novo passo antes que fosse tarde demais para o refazer.

É interessante percebermos que, assim como aconteceu com os bancos tradicionais, que hoje concorrem ferozmente com os bancos digitais e as *fintechs*, assim também foi com a saúde, não apenas com a Seguros Unimed. As empresas de todos os setores precisaram se refazer, grandes ou pequenas, big companies ou startups. A tecnologia passou a integrar todas as organizações, em maior ou menor grau, sem exceção. Como diziam no Vale do Silício: *every company is a digital company!*

Para ilustrar esse cenário com mais exatidão, basta imaginar ter que ir a uma agência física do seu banco para sacar dinheiro e efetuar o pagamento de um boleto, como uma conta de energia ou fatura do cartão de crédito. A palavra em si parece jurássica, não? Boleto.

Você por acaso se lembra do fato de que os boletos costumavam ser impressos? Lembra-se do fato de que era necessário levar o dinheiro em espécie até um caixa para realizar o pagamento? Vale ressaltar que não estamos falando do caixa eletrônico, mas daquele em que um funcionário da instituição o atendia atrás do balcão. Que nostalgia, não? Aposto que essa imagem o fez lembrar de algum *hit* de sucesso de meados dos anos 1990, quando a internet ainda era um esboço de projeto sendo desenvolvido em uma garagem qualquer.

Com a ascensão da internet e a "smartização" das coisas, *venture builders* de todo o mundo passaram a constatar que esse era um caminho sem volta. Cada vez mais softwares foram sendo desenvolvidos, invadindo todos os mercados possíveis.

Assim, o mercado de aplicativos inundou todos os outros setores da economia, não apenas os tecnológicos. Basta uma rápida visita a qualquer uma das *app stores* para verificar a enorme quantidade de aplicativos disponíveis para atender as mais diversas necessidades dos usuários.

Do momento em que você acorda até a hora de pregar os olhos e pôr a cabeça no travesseiro, existem aplicativos para o ajudar a realizar basicamente toda e qualquer tarefa do seu dia, desde o famoso alarme, que obriga você a entrar em contato com o *smartphone* já nos primeiros minutos da manhã, até os aplicativos que o ajudam a melhorar a qualidade do sono através de ondas sonoras.

E, entre esses, podemos incluir ainda os organizadores de tarefas, agendas, lembretes periódicos, temporizadores, jogos, plataformas de *streaming* e, por último, mas definitivamente não menos importante, as redes sociais. Não é à toa que passamos tanto tempo grudados nessas telas de seis polegadas.

Tendo em vista esse cenário, Smarrito percebe que a gigante do setor da saúde não poderia deixar a tecnologia de lado se quisesse sobreviver e preservar seu legado por mais algumas décadas. Havia uma lacuna no mercado, mas havia um mercado na lacuna?

Quatro anos depois dos primeiros esboços do que viria a ser o projeto Stormia, em 26 de fevereiro de 2020, é registrado o primeiro caso de Covid-19 no Brasil.

Os profissionais da área já sabiam que se tratava de uma epidemia a nível global, mas a população se recusava a acreditar na gravidade de tamanha catástrofe. Por algum motivo, acreditamos que as situações de calamidade enfrentadas pela China e Itália não nos afetariam da mesma forma. Grave equívoco.

Logo a notícia de que o vírus mortal estava se proliferando pelo território brasileiro se espalhou e, com ela, o desespero e o terror, sobretudo daqueles que mais precisavam sair para trabalhar ficando expostos ao vírus.

Isolando a grande maioria da população em suas casas, a pandemia do coronavírus ampliou as desigualdades sociais e nos obrigou a lidar com essa triste realidade. A cada dia, notícias de mais mortes e casos registrados nos deixavam com a esperança enfraquecida e o ânimo completamente devastado.

Paralelo a esse cenário caótico, centenas de outras crises irromperam em função do isolamento social, afetando ainda mais gravemente todos os setores da economia nacional e internacional. O problema começava a ganhar volume como uma avalanche.

Em meio a esse cenário, a equipe do projeto Stormia se viu obrigada a avançar com todas as ferramentas e os esforços que estivessem disponíveis. Agora, não se tratava apenas de uma questão estratégica, mas da sobrevivência de milhares de pessoas. Se feito da maneira correta, o projeto poderia colaborar para salvar vidas.

O foco, a determinação e os esforços para fazer com que o projeto Stormia fosse bem-sucedido precisaram ser tão grandes quanto o tamanho da empresa. Fora as resistências inerentes aos processos da companhia, havia a questão da saúde suplementar. Hospitais lotados, médicos sendo obrigados a cobrir plantões exaustivos. Medo. Apenas uma equipe altamente centrada e capacitada conseguiria tal proeza.

Para implementar o projeto rapidamente e com eficácia, uma abordagem essencial foi utilizada: o design thinking. Essa metodologia já tinha recebido certa atenção dos gestores mundo afora, mas ainda era pouco difundida no Brasil.

Basicamente, design thinking é uma técnica que visa resolver problemas de maneira criativa, inspirando-se em algumas abordagens do design, perfeita para o caso. Afinal, tratava-se de uma situação inusitada, não apenas pela relação entre a empresa tradicional e a inovação tecnológica, mas em função da crise que se instaurara. Se havia uma boa hora para ser criativo, essa hora era agora.

O design thinking busca soluções colaborativas baseado em uma comunhão da empresa com seus *stakeholders*, atribuindo maior liberdade de atuação aos desenvolvedores do projeto e fundamentada na formação de equipes com profissionais de diversas áreas, com o objetivo de tomar as melhores decisões para todos.

Imagine a loucura e a incerteza de instaurar um projeto tão ousado, já com tantos desafios, em meio a uma pandemia global. Não bastasse isso, tratava-se de uma empresa de saúde. Smarrito e seus semelhantes estavam no olho do furacão.

Havia duas missões a serem cumpridas: desenvolver um canal de atendimento personalizado e viabilizar uma plataforma para as vendas de seguros. A bússola apontava um mesmo caminho, e ambas poderiam ser resolvidas mutuamente. Para isso, ambas deveriam ser digitais.

O grande diferencial da Stormia partiu da percepção de que o relacionamento entre a Unimed e seus clientes precisava de outros pontos de contato que não estivessem limitados apenas aos meios físicos. Dessa forma, o universo digital seria uma excelente alternativa, não apenas para o projeto em si, mas para toda a cultura da empresa.

Um plano de saúde, ou seguro de saúde, nos moldes convencionais, funciona de maneira mais análoga a um plano ou seguro doença, na verdade. Você adquire um pacote de serviços e, no primeiro pagamento, recebe um cartão que oferece a você a possibilidade de ser atendido caso venha a ter uma enfermidade. Em tese, você paga todos os meses com a mais profunda esperança de que nunca precise usar o serviço que contratou.

Agora reflita: não seria mais interessante que, além desse direito ao atendimento, que sem dúvidas é muito importante, os usuários pudessem usufruir de algo que não apenas os respaldasse em caso de enfermidade, mas que também colaborasse para promover melhorias em sua saúde e estilo de vida?

Seria incoerente continuar orientando o foco do atendimento para suprir as necessidades dos enfermos, que são apenas 2% dos usuários, e ignorar as demandas dos outros 98 que não demonstram problemas graves. Era hora de inovar.

Além do atendimento padrão já coberto pelos planos de saúde da Unimed, que já estava bastante ocupado com os infectados pelo coronavírus, o objetivo do novo projeto foi, então, desenvolver um aplicativo que promovesse melhorias de vida para a população saudável, oferecendo desde dicas para aprimorar o bem-estar até uma monitoração dos hábitos dos usuários que indicasse, de maneira facilmente compreensível para o público que não tem conhecimento da linguagem médica, a respeito de o quão saudável era o estilo de vida de cada um. Assim, seria possível auxiliar não apenas aqueles que estavam no hospital, mas também aqueles que buscavam de toda forma fortalecer seu sistema imunológico.

Essa inovação do Super App Seguros Unimed possibilitou não apenas a manutenção dos processos já existentes como também viabilizou a implementação de novos processos sem prejudicar o funcionamento da empresa. Uma nova grande conquista na longa trajetória da Unimed era obtida.

Com o aplicativo foi possível também facilitar as vendas de seguros, visto que passaram a ser mais bem orientadas ao seus públicos específicos. Assim, se um usuário faz o download do aplicativo, cadastra-se e busca dicas sobre saúde bucal, é coerente deduzir que esse mesmo usuário possa ter interesse por um plano odontológico. Dessa forma, além de promover saúde e bem-estar para a população geral, foi possível também potencializar a comercialização dos seguros.

Qualquer pessoa pode baixar e utilizar o Super App Seguros Unimed, independentemente de ser ou não um cliente da empresa. A ideia é oferecer saúde e bem-estar para a população geral tornando essa uma iniciativa com um propósito maior do que simplesmente vender planos de saúde. Ao centralizar informações sobre saúde e bem-estar, o aplicativo promove conhecimento de maneira legítima e confiável.

Imagine, por exemplo, a quantidade de pessoas que sentem algum tipo de dificuldade para dormir, seja oriunda de hábitos ruins ou de problemas mais graves como um distúrbio do sono ou mesmo insônia. Agora reflita a respeito de quanto o atendimento online ou um suporte digital pode facilitar a vida dessas pessoas através de orientações e recursos extremamente simples, poupando-as de longas viagens até um consultório, filas e demais contratempos.

Sob esse aspecto, a tecnologia pode facilitar a vida humana de inúmeras maneiras. No capítulo anterior, apresentamos como a indústria digital promoveu facilidades através de algumas fitnesstechs. Mas esse é um assunto para outra hora.

De volta ao Super App Seguros Unimed, outra facilidade promovida foi uma pontuação, que vai de zero a mil, indicando o quão saudável é o estilo de vida do usuário. Assim, fica bem fácil mensurar se você está mais perto de uma vida saudável ou se precisa fazer alguns ajustes na sua rotina, como acrescentar legumes e proteínas na sua alimentação ou fazer ao menos uma caminhada de meia hora algumas vezes durante a semana.

Isso tudo sem sair de casa. Basta uma conexão com a internet e um *smartphone* com uma configuração mínima para ter acesso a todas essas facilidades de forma gratuita.

Não é uma questão apenas de viabilizar uma inovação lucrativa, mas de gerar melhorias na qualidade de vida da população como um todo, rompendo o estigma de que "saúde é para quem pode pagar". Um propósito nobre como esse leva qualquer iniciativa, por mais arriscada e desafiadora que seja, muito longe.

A maioria das iniciativas digitais na área da saúde se volta apenas à ocorrência de sinistros. Essa é uma realidade não apenas no Brasil como no mundo inteiro. É irônico pensarmos que, mundialmente, aceitamos chamar de "saúde" um mercado que lucra com a doença, não é mesmo? A hora de mudar esse cenário chegou.

Contrariamente àquilo que muitos pensam, o futuro nos indica uma maior longevidade de vida, com mais qualidade e aproveitamento. Se as gerações passadas sonhavam em chegar aos sessenta anos já com uma certa debilidade causada por uma vida de muito trabalho e esforço, as de hoje já pensam diferente: cada vez mais jovens projetam um modelo de vida que os sustente saudáveis e produtivos além dos setenta, oitenta anos.

E isso não é apenas fruto das mudanças e inovações tecnológicas que temos testemunhado, mas de um novo *mindset* que se instaurou, sobretudo entre os mais jovens, a respeito da significação do trabalho e da própria vida. Hoje, nossos filhos sonham em ser aquilo que realmente querem, não o que lhes foi imposto por uma sociedade que sonhava com bem menos opções de profissionalização.

Saúde, bem-estar, fitness, direito e finanças são algumas das áreas em que a tecnologia chegou causando uma revolução intensa e inevitável. Quem não se adaptar ou aguardar para ver o que o futuro nos reserva ficará a ver navios, lamentando-se por não ter se preparado antes.

Com essa perspectiva em mente e todo o planejamento estratégico de uma empresa que conhece bem a importância de se preparar para o amanhã, a Seguros Unimed deu um passo à frente quando o assunto é iniciativa digital na saúde, fazendo do projeto Stormia e do Super App Seguros Unimed um caso de sucesso notável.

Milhares de vidas podem ser salvas todos os dias a partir da decisão de se ter uma vida mais saudável. Entre a decisão e a prática, a Unimed entra para auxiliar essas pessoas no processo de transição entre uma vida desregrada e hábitos mais saudáveis que evitarão doenças e melhorarão a qualidade de vida do indivíduo que os pratica.

Por fim, fica a dúvida: se o projeto Stormia, que foi inaugurado com a desafiadora missão de digitalizar a big company Seguros Unimed, fosse independente como uma healthtech, seria essa iniciativa, então, uma outra startup unicórnio? Fica a reflexão.

Inovação Digital na Saúde – A Última Milha que Faltava

"A sociedade muda quando os resistentes morrem."

— CLEMENTE NOBREGA,
físico, escritor best-seller e fundador da Innovatrix

Você está no corredor de um hospital aguardando, agoniado, o resultado de uma tomografia que seu filho de 15 anos foi recomendado a fazer depois de passar semanas tendo sintomas incomuns para a idade. A suspeita de um tumor tira seu sono e o de toda a família durante dias antes do exame. O medo se tornou parte do seu dia a dia.

Após deixar a sala, o médico caminha calmamente até sua direção apenas para dizer que o resultado do exame estará disponível em aproximadamente duas semanas. "Que ótimo", você pensa. "Mais duas semanas sem dormir."

Embora hoje os resultados de tomografias sejam, com algumas exceções, imediatos, essa era uma realidade bem comum há algumas décadas. Até mesmo para procedimentos mais simples, era necessário esperar alguns dias até ter o resultado em mãos.

Como se não bastasse, era preciso também marcar uma outra consulta com o médico que o atendeu para que fizesse uma análise dos resultados. Imagine que o padrão de atendimento podia durar até três semanas entre o primeiro contato com o médico e o início do tratamento.

Imagine você descrevendo esse relato daqui há algumas décadas. As pessoas o fitam, atônitas, na esperança de que você termine a história com um "brincadeira, gente, é mentira. Em que mundo isso seria possível?".

Essa realidade futurística não está muito distante se considerarmos as inovações tecnológicas das primeiras décadas do século XXI. Nos Estados Unidos, por exemplo, já é possível acessar seu material genético em algumas semanas, tratando doenças com um diagnóstico muito anterior à ocorrência.

Por mais que a grande maioria das empresas tenha abraçado a T.I., o setor da saúde oferece inúmeras resistências quando o assunto é digitalização. Ainda que esse processo só aponte vantagens tanto para quem implementa quanto para o consumidor final, que se beneficia diretamente das facilidades, o tema ainda é tratado como tabu por muitos gestores da área.

Como vimos no capítulo anterior, em que Fábio Gastal, superintendente de estratégia e inovação da Seguros Unimed, conta-nos a respeito dos desafios para implementar um projeto de digitalização dentro de uma grande companhia de saúde, fica claro que há uma série de questões a serem superadas no setor quando o assunto é inovação.

Diferentemente do que aconteceu na grande maioria dos mercados globais, a saúde ainda enfrenta sérios obstáculos para se reinventar e abrir as portas para o universo tecnológico. Uma série de recursos está disponível para utilização e facilitação de inúmeros processos da área, mas poucos são utilizados. Por quê?

Uma resposta plausível é a enorme quantidade de burocracias que permeiam os processos hospitalares. De atividades cotidianas a grandes decisões, tudo precisa ser devidamente registrado. Como ferramenta de controle, a burocracia tem sua razão de ser. O problema acontece quando ela se torna um obstáculo aos próprios processos que tinha como finalidade facilitar, gerando uma disfunção burocrática.

Entender essa questão não é difícil, basta lembrar-se da última vez em que esteve em um hospital. Ainda que sua memória tenha registrado alguns fatos de maneira ligeiramente diferente de quem esteve com você, aposto que ambos se lembram bem de algo comum a todos os hospitais: o movimento.

Pessoas transitam por todos os lados, tentando preservar o funcionamento desse sistema complexo. Administrar toda essa agitação certamente é um grande desafio, então a única maneira de preservar o fluxo das atividades e o foco no atendimento a quem mais precisa é oferecer autonomia ao maior número de pessoas possível, descentralizando o processo de decisões.

Tendo em mente esse quebra-cabeças gigante, em que o encaixe de cada peça interfere diretamente no encaixe de todas as outras, qualquer inovação parece realmente um pesadelo. Basta tirar algo do lugar para que todo o resto do sistema fique desregulado, forçando uma readaptação.

Contudo os gestores que adotam uma abordagem voltada ao futuro estão sempre de olho nas tendências e inovações tecnológicas. Em meio a esse cenário, milhares de startups emergem com um olhar orientado à inovação, promovendo melhorias e praticidade. Enquanto isso, por alguma razão incoerente, muitos ainda acreditam que a burocracia é o melhor caminho quando se trata de gestão em saúde.

Entre essas startups encontra-se a Innovatrix, empresa fundada pelo ex-diretor de marketing da Amil, Clemente Nobrega, que tem como filosofia a ciência da complexidade inspirada pela poderosa ideia do "possível adjacente".

A abordagem de *problem solving* que rege a iniciativa Innovatrix abarca diversas áreas do conhecimento. Desde o Big Bang, que marca o início do tempo, ao *Big Brain*, que marca a emergência da consciência a partir das redes neurais presentes no cérebro, a Innovatrix encontra uma interseção entre a física e a biologia, permitindo que rotas de solução originadas em determinado campo se apliquem a todos os outros.

O princípio que conduz essa iniciativa é o de que, de forma geral, as soluções que procuramos possuem escopo limitado por fatores em comum que, estruturalmente, são bem similares, como o fato de que uma inovação original, em si, é algo raro de acontecer, pois, na grande maioria das vezes, baseia-se em algo que já existe.

De maneira mais simples, basta pensar no seguinte: alguém, em algum momento, já resolveu um problema parecido com o que você tem. Só existe um pequeno número de problemas fundamentalmente diferentes e, portanto, as estratégias possíveis para resolver esses problemas não devem ser de muita complexidade.

Além disso, a evolução das empresas obedece a padrões. Ou seja, você não precisa de cartomante nem de bola de cristal para prever tendências. Basta compreender que as soluções para problemas inventivos são as que transformam as pedras no caminho em recursos úteis. No final das contas, tudo é uma questão de decisão.

Cada vez mais empreendedores vêm percebendo que, na indústria da saúde, cura-se a doença, mas não se promove o bem-estar. Essa constatação tem motivado empresários ao redor de todo o globo a mudar esse cenário.

De maneira mais técnica, a inovação facilita o acesso aos recursos através da simplificação dos processos necessários à produção. De maneira mais simples, a inovação é o que torna possível o barateamento dos custos para se produzir os bens necessários à qualidade de vida. Vamos explorar o que isso significa através de um exemplo prático e uma breve viagem no tempo.

Estamos em meados da década de 1940. Os avanços científicos (sobretudo motivados pela Segunda Guerra Mundial) viabilizam a criação do primeiro computador, que pesa cerca de 30 toneladas, opera com 18 mil válvulas e realiza 4.500 cálculos por segundo. Fantástico.

Meros 70 anos depois e você tem um computador pelo menos mil vezes mais potente, que cabe no seu bolso e pesa cerca de 150 gramas. Agora analisemos os efeitos que esse fenômeno tem sobre o preço dos produtos de maneira geral.

No início dessa nossa breve viagem no tempo, os computadores não podiam ser fabricados em larga escala porque custaria caríssimo. O desenvolvimento da tecnologia, além de aumentar exponencialmente a capacidade de processamento de dados das máquinas, facilita sua fabricação.

Uma vez que a produção se torna mais fácil, o valor diminui. Uma das principais regras do mercado é: quanto mais raro, mais caro. Quando mais escasso um recurso, mais dinheiro as pessoas precisam pagar para adquiri-lo. E, com os computadores, não é diferente.

Apenas dez anos após sua invenção, qualquer pessoa pode ir até uma loja de eletrônicos e adquirir um *smartphone* com desempenho razoável por meros R$1.500. Obviamente, esse ainda é um valor inacessível para muitos, mas para isso foram criadas as linhas de crédito, facilitando a aquisição desses produtos. Em suma, hoje o acesso aos computadores é mais fácil simplesmente porque eles custam mais barato.

Você por acaso se lembra do disquete? Ele nada mais é do que o *pen drive* de duas décadas atrás. Um quadradinho preto com capacidade para armazenar 1,44MB de dados era inserido em um leitor de um computador cujo sistema operacional seria, provavelmente, um Windows 98 ou mesmo 95. Pasme.

E isso custava caro. O acesso a essas máquinas era muito limitado. Já o cenário que se projeta duas décadas após a virada do milênio é um pouco diferente: é difícil (praticamente impossível) conhecer alguém que não ande com um supercomputador no bolso, conectado 24 horas por dia em uma internet com velocidade suficiente para acessar vídeos em HD.

É essa acessibilidade que inspira milhões de empreendedores que assumiram para si a desafiadora tarefa de buscar, estudar e implementar a inovação.

Mas não é só no ramo da comunicação ou mesmo da tecnologia que a inovação se faz necessária. Ela é um processo importantíssimo para todo e qualquer setor da economia. E, na saúde, não poderia ser diferente.

No entanto, quando o assunto é cuidar das pessoas, encontramos um paradoxo no que diz respeito à gestão da inovação dentro da saúde: o fato de que as operadoras de saúde e seguradoras lucram com a doença, não com a prevenção.

Você certamente paga ou já pensou em pagar um plano de saúde apenas para ter a segurança de que, quando precisar, será devidamente atendido, certo? E você por acaso já parou para refletir a respeito do fato de que paga uma cota todos os meses na esperança de que não precise utilizar um serviço que contratou?

Ainda que feita essa constatação, é importante salientar o privilégio de que essa necessidade seja atendida. Da gripe ao tumor, todas as enfermidades humanas são tratadas por profissionais altamente capacitados, salvo raríssimas exceções. Contudo o universo digital nos obriga a lançar um novo olhar para as questões que orientam a saúde.

Pela primeira vez na história é possível tratar enfermidades a distância. Trata-se de um marco histórico irrefutável, algo jamais antes visto. Se fosse possível uma viagem no tempo, ainda que brevemente, como seria a reação de um indivíduo que recebesse essa notícia há quarenta anos? "Daqui a mais ou menos quatro décadas não precisaremos mais ir ao médico para tratar problemas básicos, porque isso será feito a distância com a telemedicina."

"Tele o quê?", seria a resposta mais esperada dessa pessoa, que está perplexa com o nível do seu delírio. No entanto, é essa a realidade que começa a se desenvolver a partir do início da virada do milênio.

Mais uma vez, o desafio das grandes empresas no século XXI (dentre elas as maiores operadoras seguradoras de saúde do mundo) é se comportar como startups. Os problemas são os mesmos, mas a maneira de os abordar mudou completamente. Já era tempo.

A Unimed, uma das maiores operadoras de seguros de saúde do Brasil e referência em saúde suplementar, nasce no final da década de 1970, quando um grupo de médicos, insatisfeitos com o modelo de gestão vigente, decide formar uma cooperativa, objetivando uma gestão mais horizontal. Nascia um dos maiores empreendimentos na área de saúde do Brasil.

Segundo o próprio site da empresa, em 2008, a marca Unimed é avaliada em R\$2,53 bilhões. Os resultados mostram o tamanho da importância que a iniciativa possui para a economia brasileira e para a saúde suplementar. Trata-se de um sistema de empresas independentes, chamadas de singulares, todas bem estruturadas e algumas bastante robustas, que juntas somam milhões de clientes e bilhões em faturamento anual, sistema forjado nos moldes de uma economia que não estava preparada para a explosão tecnológica da virada do século.

Sem esperar que as empresas e os gestores se preparem, o cenário muda. A internet cai no colo do mundo. Os *smartphones* passam a fazer parte da vida de todos e as redes sociais conquistam as populações mundiais. Como essa reviravolta tecnológica impacta o cenário econômico global e as big companies?

Tudo está conectado, direta ou indiretamente. Um cientista com um projeto ousado, inovador, tem potencial para influenciar o resto do mundo inteiro. A inovação passou a fazer parte da realidade de todos.

E, quando o assunto é saúde, os debates sobre inovação são sempre delicados. Vidas estão em jogo, e isso não tem preço. A pergunta em voga é simples, porém a resposta é tema de um setor econômico que movimenta centenas de bilhões de dólares anualmente: como oferecer saúde de maneira sustentável?

Muitos buscaram e ainda buscam a resposta para essa pergunta simples em sua essência, porém complexa em sua resolução. Enquanto empresas mais tradicionais preservam a ideia ultrapassada de que o foco deve ser o tratamento dos males, a maioria dos gestores que atuam na área da saúde já entendeu que o foco é a prevenção das doenças, e que, para tal, a tecnologia pode ser uma excelente aliada.

A saúde complementar (ou a pública, se você preferir) deixa as mais fortes evidências de que não se sustenta sozinha. Obviamente, em maior ou menor grau e dependendo do contexto, ela se faz necessária. Não é coerente generalizar esse debate, visto que cada caso é um caso. Há que se pensar na especificidade do contexto. No entanto, é certo que a saúde suplementar cumpre um papel fundamental no que diz respeito ao contexto geral, e administrar seus desafios é tarefa para poucos.

Como exemplo de gestão de excelência em saúde suplementar deixamos o destaque aqui para Sérgio Baiocchi, diretor presidente da singular Unimed Goiânia. Depois de quinze anos atuando como diretor em parceria com uma equipe que já atuava na unidade há mais de vinte anos, Sérgio desafiou a cooperativa ao propor uma candidatura à eleição de diretoria com uma chapa diferente, composta por médicos mais jovens e um olhar mais voltado à inovação.

Imagine a dificuldade para inovar em uma empresa de tamanho porte, com bilhões de faturamento, centenas de milhares de clientes e um modelo de funcionamento já cristalizado. Nesses casos, a inovação tende a ser vista como algo a ser evitado. Se tudo está indo bem, por que mudar?

"Não se mexe em time que está ganhando", diz o ditado popular. Acontece que os tempos mudaram. Para continuar ganhando, é necessário mudar o tempo todo, adaptando e readaptando as estratégias a cada novo adversário que surge mais criativo, mais ousado e, inevitavelmente, mais inovador.

Era de se esperar resistência interna quanto à escolha. E houve. Muitos não gostaram da decisão. Mas mudar é necessário, sobretudo nos tempos em que vivemos. Afinal, como podemos esperar resultados diferentes se mantivermos nossas atitudes? Para arriscar uma manobra como essa é necessário preparo e experiência. É fundamental, em um momento decisivo como esse, a acuracidade técnica de quem conhece bem as necessidades do empreendimento e entende o que, de fato, precisa mudar.

Depois de enfrentar as resistências, Sérgio venceu a eleição com a nova chapa. Desde então, a Unimed Goiânia passou a ter um orçamento bem definido, aspecto que pode parecer básico, mas carece em diversas empresas. Dentre uma lista de outras inúmeras mudanças, que só caberia em um outro livro como este, essa foi uma decisão fundamental para reconfigurar algumas iniciativas da empresa.

A grande vantagem dos integrantes mais novos é não ter o peso do legado nas costas. A liberdade para errar pode ser uma grande aliada se usada de maneira coerente, e a Unimed Goiânia é um excelente exemplo disso. Acabou a era em que os modelos de gestão verticalizados têm seus mais altos postos ocupados pelos mais velhos. Hoje, a realidade é outra: pessoas de diferentes idades, integrando as mesmas equipes, com níveis hierárquicos similares ou mesmo iguais.

O momento é ainda mais delicado devido à maior crise sanitária da história, que irrompe pouco tempo após as eleições da empresa. Já não bastasse os desafios inerentes ao setor, eclode a pandemia do coronavírus. O cenário fica tenso.

Apesar de ter dedicado sua graduação à cardiologia, Sérgio conta com uma ampla formação em *business management*. Essa formação foi essencial para que uma gestão adequada em um momento tão delicado pudesse ser feita. Dentre os principais fatores para o sucesso na gestão, Sérgio destaca a paixão pelo negócio. "Se perdemos o prazer em ver o sucesso do empreendimento é porque já não faz mais sentido.", destaca.

Isto é, todo grande sucesso começa com uma grande paixão pela causa. Há quem se engane em pensar que o sucesso financeiro é a causa principal quando, na verdade, é mera consequência.

A fórmula para o sucesso indicada por Sérgio é muito simples: paixão, dedicação e resiliência. Determinação deixou de ser um diferencial e passou a ser premissa básica de quem deseja sobreviver no mercado em meio à revolução tecnológica que vivemos.

"Dos dez aos vinte anos, estude. Dos vinte aos trinta, invista em sua formação. Dos trinta aos quarenta, arrisque e descubra seu caminho." Essa frase, de autoria de um grande filósofo sul-coreano, resume bem o caminho que leva ao sucesso. Mais importante do que acertar logo de cara é entender o funcionamento desse sistema complexo que é viver e tomar decisões.

Você vai errar, não há como escapar disso. Há como minar os efeitos dos erros, e isso certamente deve ser feito. Mas nem você nem empreendedor algum passará isento deles pela jornada rumo ao sucesso. A atitude mais sábia, na verdade, é transformá-los em aprendizados que agreguem para o atributo mais importante do empreendedor: a experiência.

Deixamos o século XX para trás, mas ficamos com a concepção de que saúde é diagnosticar e tratar doenças quando, na verdade, o melhor caminho é buscar sua prevenção.

Ignore, ainda que por um instante, a sensação de receber aquela notícia ruim (tão ruim que você tem quase certeza de que preferia não saber) e procure refletir a respeito das inúmeras maneiras pelas quais você poderia tratar precocemente uma doença que tenha predisposição genética a desenvolver. Agora imagine quantos anos de vida a mais, com saúde, você poderia ganhar com esse diagnóstico. Quem sabe até algumas décadas.

Assim, descobrir uma predisposição a desenvolver diabetes já não parece tão ruim, não é mesmo? Afinal, você pode começar a tratar hoje e evitar que a doença se desenvolva, garantindo a degustação de mais algumas centenas barras de chocolate sem precisar de uma injeção de insulina para acompanhar.

Será que é possível mensurar o valor de passar mais alguns anos com seus netos? Independentemente da sua resposta, existe um fato: a tecnologia nos aproxima desse resultado. Simples assim.

Pense que a mesma faca que pode ser usada para preparar um delicioso churrasco também pode servir de instrumento para um crime. Não adianta culpar a faca quando a questão está no uso que fazemos dela. Assim também acontece com a tecnologia. Para citar um exemplo mais prático, enquanto alguns aproveitam a enorme oferta de aplicativos gratuitos para se exercitar, aprender e evoluir, muitos preferem desperdiçar horas a fio em redes sociais e sites de fofocas.

Por que, então, a saúde não volta seus esforços para evitar que as pessoas fiquem doentes em vez de apenas tratar os enfermos? Por que não utilizamos essa ferramenta com potencial imensurável para promover *healthcare* e *wellness*? Hoje, a quantidade de informação e tecnologia que temos disponível é mais do que suficiente para desenvolver quaisquer iniciativas de cuidado e reparo do bem-estar, da saúde física e da saúde mental.

Assim, não seria mais lógico que as pessoas tivessem acesso, de fato, a um plano de saúde em vez de um plano de doença? Não seria mais interessante e benéfico pagar mensalmente por um serviço que nos ofereça algo além de um atendimento apenas quando necessário? Não seria mais proveitoso contratar um serviço que tenhamos a verdadeira intenção de usar?

Em 2020, vem à tona a pandemia do coronavírus. De repente, todos nos vemos obrigados a ficar em casa. Estabelecimentos são fechados e atividades consideradas não essenciais são interrompidas. O número de infectados aumenta diariamente em um ritmo exponencial. Como proceder?

O setor da saúde foi forçado a aderir às inovações tecnológicas, quer estivessem as instituições preparadas ou não. Um excelente exemplo foi o que ocorreu em relação à telemedicina. Milhões de pessoas foram salvas durante a pandemia através de um recurso tecnológico que fora rejeitado durante muitos anos. Agora não havia mais essa opção.

A pandemia acelerou as mudanças em todo o ecossistema da saúde, obrigando tanto a saúde pública quanto a privada a se adaptar em um curto período. Os resultados de uma pesquisa realizada pela Deloitte — maior empresa de serviços profissionais do mundo — em 2021, apontaram que os líderes da indústria deveriam aproveitar o momento para tratar de questões setoriais urgentes, como novos hábitos dos consumidores e transformação digital. A saúde, obviamente, não ficaria de fora.

O sócio líder da Deloitte, Luis Fernando Joaquim, fala a respeito do novo cenário que se projeta no mundo pós-pandemia na área da saúde: "é preciso rever o modelo vigente de assistência ao doente e de remuneração das empresas prestadoras de serviços de saúde para criar um novo modelo, que seja inovador e, ao mesmo tempo, sustentável.

A questão que deve orientar as decisões dos grandes gestores da área da saúde no século XXI é, sem sombra de dúvidas, como fazer para que um hospital ganhe dinheiro estando vazio."

A saúde suplementar é dividida, basicamente, em duas esferas. De um lado, existem as prestadoras de serviços, como hospitais e laboratórios. Do outro, estão as operadoras, que garantem o funcionamento dos planos de saúde. A grande ironia desse cenário é que, quando uma ganha dinheiro, a outra perde.

Um setor que se ocupa de algo tão básico quanto a saúde das pessoas não deveria funcionar de maneira tão antagônica. O cliente paga periodicamente apenas para ter acesso a serviços que gostaria profundamente de não precisar usar. Como se não bastasse essa grande ironia, as margens de lucro da empresa que garante esse acesso são inversamente proporcionais às da empresa que atende o cliente em caso de necessidade.

Lançar um novo olhar para essas questões é imprescindível para que os avanços na saúde aconteçam. Por isso, gestores como Joaquim vêm se posicionando de maneira inovadora quando o assunto é gestão da saúde suplementar.

Formado em engenharia, Joaquim entra para a Deloitte inicialmente na área de gerenciamento de riscos de projetos e investimentos, área em que atua durante anos antes de ter seu incrível potencial cooptado pela área de consultoria empresarial com ênfase em saúde.

Além da ampla experiência na Deloitte, Joaquim é também professor de MBA e pós-MBA no Ensino Einstein e na

Fundação Dom Cabral, onde compartilha a *expertise* obtida em suas experiências com jovens que almejam, assim como ele, administrar grandes organizações.

Dentre os maiores desafios enfrentados durante sua trajetória, o maior certamente foi a readaptação exigida pela pandemia que eclodiu em março de 2020. "Nós da área da saúde fomos atropelados pela tecnologia. Quem era conservador, nesse sentido, foi compelido a aderir ao mundo virtual. A pandemia eliminou qualquer alternativa de manter um empreendimento, de maior ou menor porte, sem consolidar sua presença nas plataformas digitais", afirma.

Um exemplo dessa readaptação que precisou tomar forma às presas é o fato de que a Deloitte foi acionada para ajudar milhares de funcionários a construir a própria estrutura de home office do dia para a noite. A maioria dispunha de um computador sem muita capacidade de processamento, que dava conta apenas de programas básicos como um navegador, editores de texto e planilhas.

Outros estudos realizados pela Deloitte indicam ampla aceitação do público geral quanto à utilização da telemedicina e de outros recursos tecnológicos mesmo depois da grande crise sanitária. Convenhamos, diferentemente do que acontece com algumas reuniões de trabalho, definitivamente ninguém gosta de ir ao hospital. Os idosos podem até oferecer mais resistência à ideia de ser atendidos através de uma tela, mas grande parte deles já reconhece as vantagens de diminuir o contágio de vírus e bactérias tão frequente no ambiente hospitalar.

As inovações são inerentes à vida, desde a invenção da roda até os dias de hoje. Contudo a enorme quantidade de inovações tecnológicas que surgiu nas últimas décadas potencializou as inovações em todos os setores. O mundo mudou e nos indica mudanças cada vez mais rápidas. Quem ficar esperando para ver o que vai acontecer ficará a ver navios. É necessário se adaptar.

Para se ter uma ideia, só no que diz respeito aos aplicativos, já podemos entender o quanto essa nova revolução industrial impacta todo o mundo diretamente. A transformação digital, antes de ser tecnológica, é comportamental. Seja na esfera pessoal ou profissional, passamos boa parte de nossos dias clicando em ícones coloridos, navegando de janela em janela e interagindo com um ambiente virtual.

Construindo uma ponte entre o desejo profundo de empreender e a paixão pelo *problem solving*, milhares de empreendedores apaixonados por inovação têm dedicado suas vidas a fazer a diferença em um mundo que tanto carece de pessoas com a mente à frente de seu tempo, que olhem para os problemas da humanidade sob uma perspectiva mais humanista.

Não nos resta alternativa a não ser a adaptação. Ou aprendemos a usar a tecnologia a nosso favor ou ficaremos para trás na história da humanidade. Deixemos que o desconhecido nos inspire em vez de nos apavorar. Assim, a jornada da inovação vai somando esforços para construir uma sociedade mais justa, equilibrada e, acima de tudo, saudável.

Mulheres que fazem a diferença — Elas são superpoderosas

"A verdadeira liberdade da mulher é o poder de escolha."

— KIKI MORETTI,
fundadora e CEO do Grupo In Press

Como você deve saber, a presença da mulher no mercado de trabalho como protagonista da própria história é recente. Desde a ascensão dos movimentos sociais durante a década de 1970, sobretudo nos Estados Unidos, as mulheres vêm conquistando seu espaço entre as mais diversas profissões.

Pode parecer difícil imaginar um mundo em que as mulheres não podiam exercer certos cargos ou mesmo tinham o direito de votar. Mas essa era a realidade até meados do século XX. Felizmente, o mundo mudou para melhor.

Sob uma perspectiva mais inclusiva, a sociedade abraçou as mulheres no mercado e percebeu que, sem elas, o sucesso não é garantido.

E não se trata de uma questão apenas de diferenças de personalidade, mas de uma verdadeira mudança na mentalidade que orienta a maneira como encaramos a diversidade como um todo. Pouco a pouco, o mundo caminha rumo a um norte em que preconceito e discriminação se tornam conceitos vazios, sombra de um passado melancólico em que nossos valores eram limitados e mesquinhos.

Contudo saímos da caverna de uma sociedade injusta para encontrar a luz de uma coletividade que abraça as diferenças como algo natural, positivo e saudável, necessário à construção de ambientes mais dinâmicos.

Quanto ao futuro, por sua vez, não podemos prever o que virá. Mas sabemos que, com toda certeza, ele se projeta para todos.

As mulheres chegaram no mercado para somar. Deixaram os postos de subordinação para se tornarem donas dos próprios negócios e, hoje, já ocupam boa parte dos altos cargos de *management* de empresas fundadas por homens ou mesmo das próprias empresas.

Entre elas está Mônica Granzo, CEO e fundadora da Smarkets. Mônica é um grande exemplo de mulher empreendedora, jornada essa que começa ainda em sua adolescência. Alguns anos mais tarde, após ter dado os pequenos passos que colaboraram para o grandioso sucesso, Mônica deixa o cargo de alta executiva em que trabalhava para fundar a própria empresa, a Smarkets.

A Smarkets é uma das maiores referências de compras corporativas do Brasil, com valuation estimado em R$73 milhões. Primeira central de compras certificada pela ISO 9001, a Smarkets é um grande exemplo de startup que agrega para o mundo corporativo ao reunir compradores e fornecedores em um ambiente virtual único, facilitando operações no B2B.

Para entender um pouco melhor como funciona esse conceito de compras corporativas, imagine que você é dono de uma padaria, por exemplo. Para manter o empreendimento funcionando a todo vapor e satisfazer cada um dos clientes que entra pela porta é necessário muito trabalho de toda sua equipe, desde quem está no caixa controlando os pagamentos até o gerente, que coordena as operações no dia a dia.

Essa padaria imaginária exemplifica a essência de todo negócio: a complexidade de um sistema em que cada parte interfere significativamente nas demais. Basta um pequeno atraso no atendimento para fazer com que a fila, que antes ocupava dois ou três lugares, estenda-se por toda a loja.

Agora, não se trata mais apenas de uma questão de tempo, mas de logística. O salão está sendo ocupado por uma linha indesejada de pessoas que poderiam estar adquirindo mais produtos mas que, em vez disso, estão ficando cada vez mais impacientes. Agora você precisa, além de inibir o motivo do atraso, ganhar tempo para desafogar a fila e liberar o espaço para que os clientes voltem a circular livremente.

Percebe por que a maioria dos estabelecimentos fecha as portas logo depois de abrir? Não é difícil entender o quanto é desafiante administrar os detalhes e pormenores que fundamentam a prática do *business*. É necessário muito preparo.

E, além de preparo, é imprescindível que todo e qualquer processo seja facilitado ao máximo. Agora vamos voltar à mesa com o café e o pão de queijo que deixamos esfriando em nossa padaria fictícia.

Você, como gestor do lugar, precisa controlar os processos a ferro e fogo para evitar qualquer desperdício. Contratações, demissões, manutenção dos equipamentos, limpeza e controle de caixa são apenas algumas das tarefas que ocupam longas horas do seu dia.

Como se já não bastassem tantos afazeres, você também precisa adquirir insumos para fabricar os produtos de que seus clientes tanto gostam. Para fabricar seus maravilhosos pães é necessário farinha. Para oferecer aquele cafezinho é preciso o pó de café. Para fabricar doces, açúcar. A lista de insumos é infindável e você precisa ir às compras toda vez que percebe o volume de um deles diminuir no estoque.

Se compra demais, a abundância do insumo acaba dificultando a locomoção e o armazenamento dos outros. Se compra de menos, corre o risco de ficar sem e deixar um produto essencial faltar. E agora, como proceder?

O exemplo da padaria é perfeito para entendermos o quão complexa pode ser a tarefa de administrar uma empresa, por menor que seja. E, quando colocamos o universo digital no meio disso, tudo fica ainda mais dificultoso.

Mas como você já deve ter percebido pelos exemplos que apresentamos neste livro, superar desafios é simplesmente aprender a dominar com primazia a sutil, porém extremamente complexa, arte de administrar. No mundo dos negócios, tudo é uma questão de saber tomar as melhores decisões.

Bem, retornando ao nosso exemplo, você chegou para fazer o controle do estoque e percebeu que a quantidade de determinado insumo está começando a diminuir. Uma breve pesquisa oferece a você duas opções de fornecedores: o primeiro, com um preço melhor, porém com um prazo de entrega mais longo. O segundo, razoavelmente mais caro, porém com um prazo de entrega mais interessante, principalmente considerando o fato de que a quantidade em seu estoque está perto do fim. Surge a dúvida a respeito de com qual deles comprar.

Além disso, claro, existe a opção de fragmentar a compra no intuito de reabastecer a quantidade mínima necessária gastando o mínimo possível até que o prazo do primeiro fornecedor, que cobra mais barato, seja atendido. O que fazer, então?

Obviamente, o exemplo foi limitado a dois fornecedores para simplificar a complexidade de um sistema que envolve inúmeras variáveis. No mundo real, fora das condições ideais, a quantidade de fornecedores costuma ser muito maior. E, além disso, você precisa escolher entre opções de marcas, quantidade, tipo de embalagem, tamanho, validade etc. Uma variabilidade de opções suficiente para deixar qualquer gerente de compras de cabelo em pé.

Felizmente, algumas empresas, como a Smarkets, têm voltado seu olhar a facilitar a vida de seus clientes nesse sentido. É fato que a tecnologia tem facilitado nossa vida em diversos aspectos, sobretudo no que diz respeito à execução de tarefas. Assim, algumas startups passaram a questionar o verdadeiro significado de comprar com eficiência.

O ambiente digital viabilizou inúmeros arranjos para resolver problemas como esses e facilitar a vida de milhares de pessoas, no âmbito pessoal, e de gestores, no âmbito profissional. Contudo, com essa enorme quantidade de possibilidades, surge a grande questão: que decisão tomar em meio a tantas opções?

Nesse contexto, todo empreendedor que deseja preservar seu lugar ao sol em um futuro tão incerto deve contar com a *expertise* de empresas como a Smarkets, que ajudam seus clientes a centralizar uma parte importante de suas decisões, que são as compras.

A meta da Smarkets é ser a maior referência de *market place* B2B (Business to Business) do Brasil até 2025. Seu foco consiste em atender os grandes compradores brasileiros. Dentre eles, alguns de seus clientes são o Hospital Sírio-Libanês, Hospital Albert Einstein, Unimed, Tigre, Accenture, entre inúmeros outros.

Talvez o maior desafio da contemporaneidade seja exatamente a tomada de decisão. Analisamos as opções e ficamos extasiados com a quantidade de arranjos possíveis. E se algo falhar? E se deixarmos passar um detalhe crucial, determinante para o sucesso da iniciativa?

Quanto a isso, não há segredo: preocupe-se com aquilo que você pode controlar. Essas são as suas decisões. Viver não é muito diferente de escolher uma camisa pela manhã antes de ir para o escritório. Gerir um empreendimento também não.

Parece um grande paradoxo afirmar isso depois de defender veementemente a importância de se tomar boas decisões em meio a tantas alternativas. Contudo, o ponto determinante aqui é entendermos que qualquer decisão não deve se tornar um pesadelo, mas deve ser um caminho para o aprendizado.

A rapidez com que os eventos ocorrem no mundo em que vivemos não permite que a maior parte das decisões leve muito tempo para ser tomada. Por isso, pensar demais acaba sendo um erro tão grave quanto não pensar.

Os cenários mudam. Novos agentes aparecem, alterando todo o contexto em que as empresas estão inseridas. Um candidato inesperado vence as eleições, afetando as cotações da sua carteira de investimentos. Um fator imprevisível chega e obriga você a fazer uma pivotagem em seu empreendimento. Mudanças ocorrem o tempo todo e, como não poderia ser diferente, impõem-nos a readaptação.

O diferente passou a ser o novo comum. Peculiar seria, na verdade, se as coisas não mudassem tão rápido.

Para acompanhar a velocidade dessas mudanças, as empresas precisam se comunicar. Abordagens de gestão voltadas exclusivamente à competitividade estão com os dias contados. A chave para a sobrevivência e o sucesso no mercado do amanhã está em consolidar boas parcerias, que amplifiquem o potencial de ambas as partes.

Um conceito que vem crescendo amplamente nesse sentido é o dos ambientes de trabalho colaborativos, também conhecidos como *coworkings*. Esses escritórios possuem uma configuração diferenciada e abarcam os mais diversos perfis de profissionais em um ambiente único, que promove comunicação e troca de experiências.

Paralelo a esse fenômeno, perceba como o modelo tradicional de escritórios vem sendo abandonado pelas empresas desde que a revolução tecnológica começou a ganhar espaço. As salas fechadas entre paredes cederam lugar às divisórias, que já diminuíram a distância entre os profissionais.

Na segunda década do século XXI, essas divisórias já são comumente dispensadas. E há quem diga que vivemos em ambientes de trabalho mais individualistas quando, na verdade, é o contrário que se aplica.

O modelo de escritório voltado à comunicação entre os profissionais é o modelo com mais força no presente e que mais se projeta no futuro. Empresas são feitas de pessoas. Isto é, quem faz as empresas são as pessoas. Por que um ambiente em que cada um fica isolado dentro da própria sala seria mais produtivo ou mesmo mais saudável do que um modelo aberto, que reforça a colaboração?

Isso mostra como é importante sabermos nos readaptar para amplificar nosso potencial através da formação de boas equipes. Imagine o que um bom atacante pode fazer por um time de futebol, por exemplo. Agora pense a respeito de como um time bem conectado tem mais facilidade para reconhecer e aproveitar o potencial de cada um, somando para a equipe como um todo.

A Smarkets, por sua vez, mudou a abordagem de seu gerenciamento para deixar de ser uma empresa de serviços com camadas internas de tecnologia para ser uma empresa de tecnologia com camadas de prestação de serviços. *Every company is a tecnology company*, como dita a lei do novo mundo.

Mas isso só foi possível com equipes bem estruturadas, tanto internas quanto externas. Além da excelente gestão da CEO, que começou sua experiência como empreendedora na juventude e passa por altos cargos das maiores empresas do Brasil, os conselheiros externos, dentre eles Marcelo Smarrito, foram essenciais para que essa nova abordagem ganhasse vida com um direcionamento adequado de quem enxerga a situação de fora.

Durante a pandemia, a criação bem-sucedida de um *marketplace* de produtos relacionados à Covid-19 foi o diferencial da empresa, fato que a garantiu uma capa da revista *Pequenas Empresas, Grandes Negócios*, sonho de toda startup que almeja projeção no mercado.

A pivotagem da empresa, embora fundamentada em um conceito simples, foi essencial para a adequação à nova realidade que tomou conta da vida de todos: a pandemia. Da noite para o dia, todos fomos obrigados a mudar nossas rotinas tanto no trabalho quanto em casa.

Essa capacidade de se readaptar é fundamental para as empresas que desejam sobreviver ao mundo pós-pandemia. Não foi apenas o cenário global que mudou, mas o comportamento do consumidor. Assim, as empresas de tecnologia (que serão todas em poucos anos) devem voltar seu foco para a jornada e experiência do cliente.

Um outro grande exemplo entre as mulheres empreendedoras é Kiki Moretti, fundadora e CEO do Grupo In Press. Com uma força inabalável e uma espiritualidade desmedida, Kiki entende melhor do que ninguém o significado da palavra superação.

"Quando as empresas enfrentam uma crise, ou elas morrem ou crescem", cita a frase de um de seus maiores clientes. Esse dito sintetiza muito bem o que um empreendedor deve esperar no cotidiano dos desafios que o cercam. Toda superação vem da perseverança, do foco voltado à resolução, nunca ao problema.

Aqui vale um destaque para um aspecto frequentemente ignorado pelos empreendedores: a espiritualidade. A vida pode ser muito cruel sem ela. Não se trata de descobrir a verdade sobre os mistérios da existência, mas de estabelecer uma conexão com algo que, para nós, é sagrado. Trata-se de assumirmos um pacto com nossa própria fé, de enca-rarmos a vida sob uma perspectiva mais otimista. Afinal, se os problemas vão aparecer de qualquer forma, por que não os enfrentar de maneira mais positiva?

Formada em comunicação pela Universidade Federal do Rio de Janeiro, Kiki começou sua carreira como repórter. Anos mais tarde, a paixão pela comunicação corporativa a obrigaria a deixar a vida de jornalista para abraçar o uni-verso do empreendedorismo.

O Grupo In Press é uma *holding* de comunicação forma-da por agências globais de relações públicas e de serviços especializados em marketing e reputação. Com mais de du-zentos clientes, a empresa está há mais de trinta anos no mercado e é líder do setor no Brasil.

Kiki é uma empreendedora que serve de exemplo a todas as mulheres no Brasil e no mundo que desejam seguir por esse caminho turbulento. Infelizmente, a história do em-preendedorismo é majoritariamente composta por homens, mas esse cenário vem mudando com a inserção das mu-lheres em todos os setores e patamares da economia e do mercado de trabalho.

Em meados dos anos 2000, Kiki enfrentou uma expe-riência que a obrigou a se reinventar. Como todo desafio que impõe sua força sobre nós, ela se encontrou em uma situação em que precisou usar toda sua resiliência e força de vontade para seguir em frente.

Não há como escapar de momentos decisivos. Bons ou ruins, eles costumam dar as caras nos períodos mais instáveis. A chave é saber como os administrar de forma a minar seus impactos sobre nossas vidas pessoal e profissional. E, no que tange a essas esferas, engana-se quem acredita que o melhor a se fazer é separá-las.

Para adquirir a resiliência necessária ao empreendedorismo, é preciso contar com o apoio de todos aqueles que estão ao nosso redor. Pessoas que nos engrandecem quando nos sentimos pequenos. Parceiros que nos fortalecem quando nos sentimos fracos. Amigos que nos abraçam quando nos sentimos vulneráveis. É a essas pessoas que devemos todo o nosso sucesso antes de atribuí-lo a qualquer outro fator.

Acreditar que nossos relacionamentos pessoais não impactam nossa jornada profissional é um equívoco gravíssimo. Qualquer um que almeje obter sucesso como empreendedor sabe da importância de se ter bons relacionamentos, sejam profissionais ou pessoais. De maneira similar, aquele seu amigo que vive reclamando das coisas e enfatizando suas falhas, embora muito agradável para compartilhar uma pizza, tende a minar seu potencial criativo.

Sobretudo na sociedade contemporânea, cujo individualismo vem se desdobrando em um ritmo alarmante, é imprescindível a formação de equipes engajadas, capacitadas e, acima de tudo, unidas. E isso vale para todas as esferas da vida, tanto no que tange ao ambiente profissional quanto ao ambiente familiar.

Afinal de contas, o que é uma família senão uma equipe? A base de um perfil profissional sólido começa em nosso equilíbrio interno. É o que somos, de fato, não apenas o que procuramos demonstrar em uma entrevista de emprego ou mesmo no cotidiano corporativo. Tudo está conectado.

Você acorda em uma manhã e de repente percebe que não consegue mais desvincular seu trabalho da sua vida pessoal. E a pandemia do início de 2020 cristalizou isso rapidamente. Bem, seu trabalho constitui parte importante da sua vida, mas isso não significa abrir mão de um para ter sucesso no outro, muito pelo contrário.

Tenho certeza de que você não objetiva estar cercado de pessoas ruins, não é mesmo? Assim como não está entre seus planos trabalhar em um lugar que detesta simplesmente pelos benefícios que são oferecidos. Essa mentalidade pertence a um passado cada vez mais remoto e distante que cede espaço para uma nova realidade: trabalhar por desejo, por genuína vontade de solucionar os problemas que afligem a sociedade.

Na era da informação e do metaverso, o trabalho assume um significado de autorrealização. Ele abandona o sentido ultrapassado de mera obrigação e passa a ocupar lugar de destaque, de primazia. E, quanto a isso, cada um tem a oportunidade de escolher o caminho que mais lhe agrada, longe das imposições de outrora.

E, assim, também o caminho das mulheres passa a ganhar independência. Elas deixam os lugares de subordinação para ocupar cargos executivos e empreender a própria jornada, seja em uma empresa, seja em casa ou em qualquer outro canto do mundo em que encontrem propósito. Com sua garra e determinação, resolvem qualquer problema, voam cada vez mais alto.

Nesse contexto de garra e superação, outro grande exemplo é Roberta Smarrito. Formada em marketing e pós-graduada em administração de empresas, Roberta escolheu ser uma genuína empreendedora de uma família unida e chefe de um lar indissolúvel. Com uma obstinação infinita e um amor transcendental, fortalece os laços de uma união primorosa, base de propósitos e inspiração.

Baiana, mas crescida no Rio de Janeiro, Roberta é uma grande apreciadora das artes, fato que a possibilitou desenvolver uma sensibilidade fora de série. Com sua perspicácia imensurável, coordena a imensa responsabilidade de educar as filhas, além de atuar como conselheira estratégica das investidas de Marcelo Smarrito.

Não existem grandes feitos sem grandes parcerias. A maior batalha da história foi vencida por países aliados. De maneira análoga, como poderia haver sucesso na solidão? Decisões solitárias, na maioria das vezes, tornam-se enfadonhas.

Talento é potencial, um diamante que precisa ser lapidado para brilhar e oferecer valor. Nossas maiores virtudes permanecem ocultas dentro de nós se não temos com quem as compartilhar, se não podemos contar com uma equipe que esteja ao nosso lado, cobrindo nossas falhas e ressaltando nossos acertos.

Um homem talentoso não é nada sozinho, a não ser uma promessa. Promessas não se cumprem sem que haja um meio para tal.

Imagine que você passaria direto por uma nota de R$100 esquecida em uma calçada qualquer se estivesse escuro. Isto é: sem luz, uma boa oportunidade tende a passar despercebida. Parcerias são luz em nossas vidas, mostrando-nos sempre o melhor caminho e irradiando nosso melhor eu.

Roberta sempre foi uma mulher determinada com uma visão de mundo ímpar e uma capacidade de execução incalculável. Talvez a maior evidência dessa determinação sem igual seja a trajetória percorrida por sua família, sempre superando os desafios.

Há quem pense que assumir a liderança de um lar é tarefa mais fácil do que estar à frente de qualquer equipe do mundo corporativo, o que é um grande equívoco. Certamente, ser um bom líder não é tarefa fácil nem mesmo para os mais capacitados, independentemente do ambiente.

No entanto, conduzir uma família é um desafio para poucas pessoas, determinadas o suficiente para dedicar seu tempo e seus esforços a uma tarefa puramente altruísta. Uma eterna abdicação das próprias vontades em virtude do outro. Estar à frente de uma família é colocar-se à disposição 24 horas por dia, sete dias por semana. É enfrentar com uma coragem desmedida o maior desafio da história da humanidade: amar incondicionalmente.

Além disso, esse é um desafio que requer também as habilidades exigidas pelo mercado. Como se não bastasse pleitear toda a boa vontade do coração, liderar uma família exige capacidade para administrar problemas do cotidiano como contratempos, desentendimentos e até mesmo conflitos.

Os mais capacitados para lidar com os desafios do mercado são, definitivamente, aqueles que conseguem administrar os desafios de casa, pois esses são o maior exemplo de superação e trabalho em equipe que pode existir em uma sociedade desde sempre. Ser mãe, mulher, conselheira estratégica, administradora e ainda encontrar tempo para cultivar o hobby de se dedicar à filosofia certamente não é uma tarefa simples. Acha que consegue? Tente antes de afirmar com tanta certeza. A maioria desiste nos primeiros anos.

Tempestades são inevitáveis, não há como escapar delas. Podemos reclamar da enorme dificuldade que nos é imposta ou aproveitar as ondas para surfar. E, escolhendo a segunda opção, surfar é sempre mais divertido e inspirador quando se está em grupo, compartilhando nosso sucesso e rindo de nossas falhas.

Contudo, mesmo para aproveitar as ondas é necessário conhecimento. É preciso analisar o horizonte para estipular a dimensão do próximo desafio. Nesse momento, consultar aqueles que estão à nossa volta a fim de evitar algo maior do que podemos suportar ou mesmo saber que alguém se lançará em alto-mar sem medir esforços para nos salvar é imprescindível para o sucesso. União é tudo.

Seja no lar, em pequenas empresas, ONGs ou em big companies, a presença feminina é imprescindível para o sucesso de qualquer empreitada.

E quer os machistas gostem ou não, as mulheres vêm entrando cada vez mais no mercado, e não pretendem sair. Elas assumem cada vez mais o próprio lugar de fala, quebrando paradigmas, vencendo preconceitos e promovendo diversidade. E para os que achavam que elas eram verdadeiras especialistas em compras, elas provaram com toda propriedade e segurança que essas pessoas estavam absolutamente certas.

CAPÍTULO 11

A força do terceiro setor

"É preciso uma comunidade inteira para educar uma criança. Quando uma delas sofre, toda a sociedade falhou em protegê-la."

— CYNTHIA BETTI,
Diretora nacional da PLAN International

"Olha, bem que eu gostaria de trabalhar com essa coisa de ONG mesmo. Não seria uma má ideia trabalhar com um ritmo mais tranquilo e ter mais qualidade de vida, afinal." Diz a amiga enquanto ela termina de beber o café.

Cynthia fita a cafeteira moderna, com todas as opções e a praticidade que oferece. O olhar disperso a arrasta para longe dali. Logo ao seu lado, um rapaz coloca seu *smart phone* para carregar em uma das milhares de portas USB disponíveis nas paredes do aeroporto. O sistema de refrigeração do estabelecimento preserva uma temperatura amena, nem quente, nem frio. À sua frente está a lanchonete, com inúmeras opções de salgados, doces e bebidas. O que mais poderia faltar?

Ficamos tão acostumados com as facilidades promovidas pela tecnologia que não nos damos conta de que milhares de processos são responsáveis por trazê-las até o nosso alcance. Esquecemo-nos de que inúmeros agentes operam 24 horas por dia para que nossa vida seja mais simples e prática. E, na realidade contemporânea que supervaloriza o eu, esquecemo-nos, sobretudo, de que essa praticidade não chega para todos.

Mais cedo, Cynthia estivera em uma comunidade cuja realidade era completamente diferente do contexto em que se encontrava no momento: não havia máquina de café expresso ou mesmo uma lanchonete nas redondezas. Não havia portas USB ou sistema de refrigeração algum por um motivo ainda mais alarmante: não havia sequer eletricidade.

Infelizmente, essa é uma condição muito mais comum do que a maioria das pessoas imagina. Embora os avanços tecnológicos tenham permitido uma ampla melhoria na qualidade de vida da população mundial, milhões de pessoas pelo mundo ainda sofrem com a desigualdade social e a carência de recursos básicos. São regiões de difícil acesso, cujos recursos que são básicos e abundantes para a maioria constituem verdadeiros luxos para os habitantes desses locais. Em geral, essas áreas sofrem com a distância dos centros urbanos, que as isolam como uma realidade paralela, como algo que não faz parte da sociedade. Como algo periférico.

Além das questões geográficas, existem também as carências históricas deixadas pela sociedade. Mesmo em um contexto de primeiro mundo, as diferenças sociais continuam a existir e a criar segregações, sejam elas diretas ou indiretas. Assim, os dilemas sociais nos embargam, gerando movimentos sociais. Criam limites e barreiras, motivando a quebra de velhos paradigmas e o rompimento com valores de outrora. Provocam mudanças.

A natureza de todo e qualquer movimento, literal ou metafórico, é sair de um ponto A para chegar a um ponto B. Se analisarmos brevemente um resumo do mundo contemporâneo, temos, de um lado, investidores assíduos e capitalistas de risco dedicando todo o seu tempo e seus recursos com um único objetivo: aumentar sua riqueza. Eles estudam, planejam, executam, avaliam e fazem todo o processo outra vez, sempre buscando melhores resultados.

Do outro lado, pessoas cujo acesso à educação é extremamente limitado. A procura por uma oportunidade de trabalho que garanta seu sustento e o de sua família é mais importante do que qualquer experiência ou aprendizado. Qualquer horizonte diferente parece algo distante, um sonho inalcançável.

A globalização coloca o primeiro e o segundo grupos dentro de uma caixa chamada sociedade e sacode de acordo com seu humor. Às vezes, provocando pequenos distúrbios no que parece ser uma ordem natural dos acontecimentos.

Outras, causando verdadeiras tempestades, contratempos e desafios a serem superados.

Essa é uma realidade justa? Fazemo-nos essa pergunta com frequência, geralmente buscando uma resposta que alivie nossa consciência da uma culpa que não sabemos exatamente de onde vem, mas que está lá a nos incomodar. Sentados em nossas cadeiras confortáveis, com nossas geladeiras cheias e televisões de último modelo, sentimos pena ao ver um comercial de alguma ONG que ajuda pessoas em algum país ou continente remoto. E o que fazemos para mudar essa realidade?

Levantar questionamentos sobre ela certamente nos ajuda a entender como chegamos em um mundo tão desigual e indiferente, sobretudo os questionamentos históricos. No entanto, como podemos reduzir ou mesmo acabar com essas desigualdades?

Como sempre, a prática é melhor do que a idealização. Visando mudar essa realidade díspar, algumas empresas se dedicam exclusivamente a reduzir os níveis de desigualdade social. Juntas, elas constituem o terceiro setor, formado por ONGs e entidades sem fins lucrativos com os mais diversos objetivos específicos dentro desse cenário de divergências.

Fundamentalmente, terceiro setor é um termo que define as atividades das organizações de iniciativa privada, porém sem fins lucrativos, que prestam serviços à comunidade, diferentemente do primeiro setor, em que se encontram os órgãos e as instituições governamentais, e do segundo setor, em que residem as empresas privadas.

O mundo contemporâneo nos presenteou com inúmeros desafios e a possibilidade de sonhar cada vez mais alto. Uns sonham com carros de luxo e mansões. Outros com uma vida equilibrada e tranquila. Alguns almejam a paz mundial ou a erradicação da fome no mundo. Por que, então, em vez de julgar, não admitimos simplesmente que há espaço para todos?

Bem, a inúmeros fatores podemos atribuir aos motivos que levam um ser humano a se sentir motivado. Alguns são orientados pela perspectiva de lucro. Outros, por um propósito maior. Mas por que exatamente acreditamos que seria de bom-tom separarmos o primeiro grupo do segundo?

A sociedade é um grande, complexo e dinâmico quebra-cabeças, cujas regras de encaixe das peças mudam a todo momento. É ingenuidade pensarmos que nossas ações, por menor que sejam, não impactam de alguma forma as pessoas ao nosso redor.

Em meio a uma sociedade extremamente consumista, encontramo-nos perante o maior desafio da humanidade: criar um mundo sustentável. As condições climáticas já apontaram todos os alarmes, enquanto nossas mentes pedem socorro em um momento da história que algumas das doenças mais nocivas são doenças da mente.

É irônico pensarmos que o mundo que idealizamos e lutamos tanto para construir esteja, na verdade, caminhando na direção oposta daquilo pelo qual tanto lutamos. Criamos empresas com bilhões de dólares de faturamento anual, mas esquecemos de nos ater aos problemas da nossa sociedade como um todo.

É importante salientar, contudo, que, quando falamos de problemas nesse contexto social, estamos falando das divergências de interesses. O trabalho de uma usina hidrelétrica é fundamental para garantir conforto a milhares de famílias, mas desmata o ambiente na área em que é construída e pode deixar pessoas desabrigadas. Como proceder?

As empresas, sejam do primeiro, segundo ou terceiro setor, em sua essência, possuem o mesmo objetivo que qualquer empreendedor ou colaborador de uma big company ou startup: resolver problemas.

Assim, no âmbito particular, se sentimos fome vamos ao mercado ou a um restaurante. Se sentimos sono, nos deitamos em uma cama confortável para descansar. Se sentimos sede, abrimos a geladeira para saborear um delicioso copo de suco. Problema, solução.

Ora, e no que estaria pensando o dono do restaurante ao abrir o estabelecimento senão resolver o problema da sua fome? Qual seria o objetivo da fábrica de colchões que não fosse garantir a você uma boa noite de repouso satisfatório? E o fabricante da geladeira, que sonho maravilhoso deveria ocupar sua mente no momento em que tomou o maior empréstimo da sua vida para ampliar as linhas de montagem outro que não fosse garantir alimentos gelados ao seu alcance?

Empresas solucionam problemas. Empresas são feitas de pessoas. Logo, pessoas resolvem problemas. Sejam eles maiores, menores, mais ou menos desafiadores, de pouca ou muita nobreza, toda a humanidade tem ao menos uma característica em comum: resolver os próprios problemas ou os de outrem.

Assim, também, as entidades dos três setores têm algo em comum que, inevitavelmente, compartilham: a necessidade de resolver problemas. Consultoras de investimentos fazem nada mais nada menos do que ajudar investidores sem experiência a escolher como aplicar seu dinheiro. Entidades governamentais funcionam (ou deveriam funcionar) para que a máquina pública opere com o máximo de eficácia. As entidades do terceiro setor, por sua vez, trabalham para reduzir as desigualdades, preenchendo as lacunas deixadas pelas falhas históricas.

Cynthia relembra as inúmeras vezes em que estivera em uma comunidade como aquela e se pergunta o que faz a colega pensar que trabalhar no terceiro setor é, na verdade, algo mais simples e fácil do que atuar em qualquer outra organização.

Por alguma razão aparentemente sem explicação, muitas pessoas compartilham dessa opinião. Encaram as atividades do terceiro setor como algo lúdico, poético, até opcional. Por quê?

Ainda que vivamos na era da informação, o conceito que parece reinar é exatamente o oposto: a desinformação. Grudados em nossos *smartphones*, cada vez mais superestimamos a figura do eu em detrimento da coletividade do nós. Aperfeiçoamos nossas habilidades de liderança, mas nos esquecemos da importância de preservar uma sociedade saudável.

É certo que a tecnologia possibilitou ferramentas excelentes e indispensáveis ao nosso cotidiano. Contudo, algumas delas, sobretudo as redes sociais, fomentaram as bolhas sociais e as câmaras de eco, que nos deixam trancados em nossa própria perspectiva da realidade.

O problema parece óbvio, mas vai muito além da nossa compreensão. Até que ponto a falta de informação e a inércia de um indivíduo afetam a sociedade? Não é possível dizer com exatidão, mas certamente podemos estimar.

O que essas considerações têm em comum é simplesmente o fato de que todas estão conectadas, estabelecendo uma rede complexa que nos une e da qual frequentemente nos esquecemos.

Imagine que um homem qualquer em um dia qualquer tem uma ideia. Um outro, também. O primeiro homem fica deslumbrado com a beleza e criatividade do que acabou de imaginar. Atônito e um tanto orgulhoso, massageia o próprio ego com o que considera ter sido uma ideia genial, sem dúvida fruto de sua mente para lá de brilhante.

O segundo homem, por sua vez, levanta-se da sua cadeira confortável e começa, inquieto, a esboçar os primeiros passos do que seria necessário para tornar real a visão que acabara de ter. Após algumas considerações, dá os primeiros telefonemas para alinhar sua percepção à realidade. Um, dois apoiadores depois e uma semente está plantada.

Desnecessário dizer que nossa percepção do que é ou não justo é meramente uma perspectiva da realidade. Sem movimento, as coisas continuam onde estão. O mundo pertence ao segundo homem, que arrisca sua zona de conforto para transformar sua visão em algo real, concreto.

Dentre as maiores instituições de desenvolvimento não governamental sem fins lucrativos do mundo está a Plan International, organização fundada em 1937 sob o nome de Foster Parents for Children para ajudar crianças órfãs da Guerra Civil Espanhola. Desde então, a Plan tem se reinventado para expandir o alcance de suas atividades e ajudar cada vez mais pessoas.

Em 1997, a Plan chega ao Brasil, no estado de Pernambuco. A partir daí, os projetos se expandiram pelo território nacional. Dentre eles, uma campanha em parceria com o canal Cartoon Network, chamada "Chega de Bullying", que tem como objetivo diminuir a ocorrência dos casos de bullying entre as crianças por meio do incentivo à denúncia.

Com parcerias em mais de 70 países, a instituição é referência quando o assunto é terceiro setor e combate à desigualdade social. De maneira mais ampla, a Plan International orienta e desenvolve projetos para ajudar e capacitar crianças, adolescentes e suas comunidades, oferecendo a eles as ferramentas para que possam transformar essa realidade desigual e torná-los protagonistas de suas próprias vidas. Mais recentemente, a Plan tem voltado sua atenção para promover a igualdade de gênero para meninas, com iniciativas que vão desde a prevenção da gravidez na adolescência à escola de liderança.

Iniciativas como essa são extremamente importantes para a construção de uma sociedade mais justa e menos desigual. No entanto, a complexidade de um projeto como esse exige muita dedicação e esforço de seus desenvolvedores.

Assim como as empresas do segundo setor (sejam big companies ou startups), as entidades do terceiro setor são geridas por pessoas tão capacitadas quanto. E, obviamente, essa capacidade só pode vir de dois fatores: qualificação e experiência.

Um grande exemplo dessa experiência é Cynthia Betti, diretora nacional da Plan International no Brasil. Ela atua na organização desde 2014, quando recebeu o convite para o cargo.

Formada em pedagogia pela Universidade de São Paulo, Cynthia possui ampla experiência em administração de empresas e gestão de recursos humanos. Tendo atuado durante muitos anos no RH de uma grande seguradora, foi convidada a reestruturar a malha de planejamento estratégico da empresa, passando a atuar na área de planejamento durante anos antes de retornar ao RH, então como diretora.

Quando recrutada para a tarefa, Cynthia desenvolveu um modelo estratégico cujo objetivo era este ser facilmente compreendido por todos os níveis hierárquicos da empresa, dos executivos aos operadores de telemarketing. Seu apelido: o bicho de sete cabeças.

Tratava-se de uma metáfora que criava uma associação entre um desafio colossal e as etapas necessárias para superá-lo, concepção perfeita para qualquer empresa ou pessoa que tenha um objetivo definido. Apesar de uma ferramenta simples, o nome deixava claro que dormir em serviço não seria boa ideia. Se correr, o bicho pega. Se ficar, o bicho come. A única alternativa que restava, assim, seria enfrentá-lo.

Anos mais tarde, em meio às pesquisas sobre capitalismo consciente e os projetos de inclusão social e geração de valor, o questionamento sobre o legado do próprio trabalho passa a assumir um lugar de extrema importância no planejamento de carreira. Embora tenha recebido inúmeras propostas para atuar em outras empresas, com salários e benefícios maiores, sua intuição apontava em outra direção.

De início, a proposta de gerenciar uma ONG parecia inusitada. Como uma diretora de RH de uma grande seguradora assumiria um cargo de importância em uma organização do terceiro setor? Parecia pouco provável.

Pouco a pouco, os trâmites para a nova jornada começam a tomar forma. Após longas conversas com a família, que a incentivou e apoiou, dá-se início ao longo processo de avaliação da candidata.

Após a aprovação, Cynthia se perguntava que bicho de sete cabeças enfrentaria a seguir.

Das planilhas para as comunidades, tudo havia mudado drasticamente. Os desafios eram os mesmos: administrar recursos escassos a fim de alcançar objetivos. Contudo, agora existia um propósito maior do que meramente o desejo de bater metas e conquistar bônus. Vidas estavam sendo diretamente impactadas a cada decisão, para o bem ou para o mal.

"Eu sabia que não valeria a pena sair do cargo em que eu estava se não fosse por algo que realmente fizesse sentido e tivesse um valor maior do que o material. Após muitos anos de reflexões e reconsiderações sobre os caminhos que minha carreira estava tomando, decidi, finalmente, abrir mão do que não era necessário em prol de cultivar um bem maior", declara Cynthia.

A satisfação pessoal é um elemento de extrema importância para a autorrealização, mas não necessariamente está atrelada a ganhos de capital. Nós, como seres humanos, sentimos a necessidade constante de compartilhar histórias, conquistas, momentos, o que nos leva à inevitável necessidade de pertencimento.

Exemplos como o da Cynthia ilustram a importância de grandes gestores com grandes propósitos e a mente à frente de seu tempo na liderança de entidades do terceiro setor. Administrar uma organização não governamental não é muito diferente de encarar os desafios do mercado, ainda que não exista objetivo de lucrar.

Com essa constatação, obviamente, fica a conclusão de que uma grande ideia sem planejamento não passa de um sonho a alimentar nossas imaginação e criatividade. O sucesso de qualquer empreitada exige, inevitavelmente, uma execução bem feita.

Assim, o segredo para ser um grande gestor, seja qual for o setor ou a área da economia em que se atue, é se entregar a um propósito maior do que o próprio ego. É abraçar os desafios do dia a dia, oferecendo nunca menos do que o máximo possível. É colaborar para o desenvolvimento de uma sociedade que cultive menos "ismos" e mais valor agregado, compreensão, empatia e, acima de tudo, solidariedade.

A tarefa é simples, já a execução, nem tanto. A voz da experiência fala por si só, mostrando que os verdadeiros guerreiros e as verdadeiras guerreiras capazes de mudar as injustiças de uma realidade cruel são os que aprendem a usar as dificuldades, ou os bichos de sete cabeças, a seu favor.

CAPÍTULO 12

Os Dez Hábitos do Futuro – Como fazer para se destacar em meio aos demais

Algumas semanas antes do lançamento deste livro, estive reunido com jovens que começavam suas carreiras profissionais. Todos nascidos na geração dos *instagrammers*, *tiktokers* e *digital influencers*, ou seja, já vieram ao mundo com a chupeta em uma mão e o *smartphone* na outra.

Durante a conversa, a pergunta que emergiu foi: "tio, o que devo fazer para ser bem-sucedido?".

Acredito que se tivessem me perguntado como conseguir a paz no Oriente Médio eu teria passado mais perto de lhes dar uma resposta razoável. Lá estava eu, diante desses jovens, prestes a apresentar alguns conceitos com potencial para influenciar fortemente suas vidas.

Como alguém que sempre acreditou na dedicação como principal fator de resultados, ainda acredito que a principal parte dessa jornada passe por aí. Contudo, de nada adianta a braçada forte no remo se não estamos no barco certo. Afinal, para ganhar a competição, é preciso seguir na direção correta, não é mesmo?

Neste capítulo apresento dez hábitos que julgo imprescindíveis para o sucesso, essa palavra que a sociedade contemporânea tanto preza. Esses hábitos nada mais são do que algumas dicas de quem os praticou a vida toda e colheu bons frutos durante a jornada. Elas não são regras absolutas, mas diretrizes adaptáveis para que você ao menos tenha ideia de por onde caminhar.

Em suma, não recomendo que você se feche dentro de um ponto de vista apenas, mas que considere diferentes perspectivas para descobrir o próprio caminho. Sua jornada muito provavelmente será diferente da de seus pais e ainda mais diferente da de seus filhos. Esteja atento às novidades, pois elas podem mudar tudo.

Tenha a humildade de aprender tudo o que puder com quem estiver disposto a lhe ensinar. E, quando não tiver essa oportunidade, aprenda com quem não estiver disposto mesmo, na marra. Lembre-se de que o sábio aprende com os erros dos outros. Seja como uma esponja, sempre absorvendo o máximo de conteúdo possível.

Difícil achar uma ou mesmo algumas poucas respostas para a tão complexa pergunta. Eis alguns axiomas que assumi ao longo da vida e que considero verdadeiros *drivers* do sucesso. Você os conhecerá nas próximas páginas.

Pensar dessa maneira vai ajudar você a desenvolver os hábitos do futuro e a olhar sempre para a frente nessa longa caminhada até o topo. Boa sorte!

1. Assuma que sua tão bem escolhida e prezada profissão, por melhor profissional que você seja, não vai existir em breve.

E aí? Você está preparado?

Não é novidade para ninguém que as inovações tecnológicas mudaram completamente nossas vidas, direta ou indiretamente. Antes você precisava ir ao mercado para fazer compras, hoje pede tudo pelo aplicativo. Você quer conversar com alguém e não precisa sair de casa, basta mandar uma mensagem pelo WhatsApp. Bateu fome e veio a vontade de comer aquela pizza? Adivinha só? Ninguém mais usa o telefone para contatar a pizzaria. Tudo se pede pelo iFood.

O que você imagina que tenha acontecido, por exemplo, com os datilógrafos? Acha que eles ainda estão por aí, trabalhando escondidos em alguma caverna? De jeito nenhum. Todos foram substituídos pela versão mais recente: qualquer pessoa que tenha um computador em casa.

Da mesma forma que aconteceu com a profissão anterior, milhares de ofícios pelo mundo estão sendo automatizados. E muitos mais ainda serão durante as próximas décadas. Por isso, recomendo fortemente que, independentemente da área que você escolha seguir, adote um perfil generalista quanto aos *problem solvings* da vida. O resto, a inteligência artificial vai fazer muito melhor do que você, então concentre-se no que você pode controlar e deixe de se preocupar com o que não pode.

Por isso, desenvolva um perfil mais generalista e também a capacidade de resolver problemas complexos. Assim você não corre o risco de ficar para trás em uma corrida que já era difícil sem a tecnologia.

2. Você vai ter que aprender, desaprender e reaprender eternamente.

Não existe espaço para pangarés.

Tire da sua cabeça aquela velha concepção de trabalho, em que bastava um diploma e um emprego para se ter estabilidade. Se você quiser construir uma carreira sólida, precisa entender que o único caminho é adotar como mantra o lifelong learning. Ou seja, você vai aprender, desaprender e reaprender até os últimos dias da sua existência.

Você vai ter que fazer de qualquer forma, então por que não fazer bem-feito? No século XXI não existe espaço para pessoas medíocres, muito menos para incompetentes. Trate de se dedicar ao máximo a tudo o que você fizer na vida porque, se não o fizer, seu concorrente com certeza o fará.

Um conceito que tem crescido muito durante as primeiras décadas do século XXI é o dos *nanodegrees* ou microcertificações, que são diplomas de cursos mais curtos e dinâmicos. Buscar esse tipo de atualização deixou de ser um diferencial para se tornar premissa básica para qualquer profissional que pretenda permanecer no mercado por mais tempo.

Afinal, aprender coisas novas é muito prazeroso e não deveria, de maneira alguma, representar algum tipo de sacrifício. Quem não gosta de ostentar uma nova habilidade recentemente adquirida, mostrar que é bom em um hobby ou se sentir realizado consigo mesmo?

Bem, se você faz parte do time dos que não gostam de aprender, é bom mudar de lado o quanto antes ou o mercado vai engolir você.

Além disso, o lifelong learning o obriga a desenvolver uma outra competência extremamente importante para o mercado, que é o pensamento crítico. A diferença entre ser inteligente e sábio é que enquanto o inteligente sabe muito, o sábio usa seus conhecimentos para resolver problemas reais no menor tempo possível. Espero que depois dessa explicação bem enxuta, não seja preciso dizer qual dos dois você deve escolher ser.

O mundo mudou e deixou para trás a ideia de que apenas profissionais bem formados nas melhores universidades é que saem na frente. Hoje, o foco está no resultado, e qualquer pessoa capacitada para aumentar os números da empresa será contratada e valorizada. Portanto, foque a resolução de problemas reais em vez de ficar andando em círculos em volta da teoria.

3. Esteja preparado para viver muito.

E com qualidade, vale ressaltar.

Esse, então, nem deveria ser um conselho de tão óbvio. Você certamente não consegue imaginar uma razão sequer para não querer viver muito e com qualidade, certo?

Bem, acontece que esse não é apenas o sonho da grande maioria da população mundial, mas também um pré-requisito para permanecer no mercado. Assim como as grandes empresas precisam se comportar como startups para sobreviver em meio ao caos do universo do *business* no século XXI, como indivíduos, devemos aderir ao conceito do "jovem velho": mais idade não significa menos capacidade.

A longevidade é um dos principais fatores que configuram o futuro. Cada vez mais temos soluções que aumentam nossa expectativa média de vida, e os efeitos disso influenciam uma série de fatores.

Cada inovação tecnológica que surge para, de alguma forma, preservar nossa saúde e bem-estar, colabora também para o grande desafio de chegarmos aos oitenta anos ainda ativos. Se você tem alguma dúvida de que isso seja possível ou coerente, basta somar o crescimento da população mundial ao fator tecnologia para fechar essa conta.

Pois bem, agora imagine um mundo em que robôs fazem operações cardiovasculares e salvam vidas em afogamentos e incêndios. Esse mundo está cada vez mais próximo de se tornar uma realidade comum.

Não veja essa situação como um fardo que precisa ser carregado até os oitenta anos ou mais, mas como uma oportunidade de viver melhor e por mais tempo. Você tem o privilégio de ter nascido na época em que isso é possível. Não desperdice essa dádiva.

4. Seja o mais generalista possível.

Porque os especialistas vão ser engolidos pela inteligência artificial.

Assim como os tecelões foram substituídos pelas máquinas de tear durante a primeira revolução industrial, os apertadores de parafusos (eternizados no clássico filme de Charlie Chaplin, *Tempos Modernos*) foram substituídos por robôs duzentos anos mais tarde. Esses dois exemplos nos mostram uma constante na história da humanidade: a participação das máquinas na mão de obra.

No entanto, a transferência de empregabilidade que ocorria entre os setores não mais será garantida. Isso porque, na era dos algoritmos e do *machine learning*, entra em cena um novo personagem: a inteligência artificial.

Primeiro a humanidade migrou do campo para a indústria. Em seguida, deixou a indústria para ampliar o setor de serviços. Com a inteligência artificial, para onde iremos?

Sob o ponto de vista da performance e da competência, haverá pouco ou nenhum espaço para os especialistas. Imagine que um médico, por exemplo, opera com base em suas experiências pregressas. Assim, um médico com muitos anos de atividade tende a ser melhor do que um novato pelo simples fato de ter tido mais experiências e registrado mais informações do que o segundo.

Contudo, devemos levar em conta que esse sujeito, por melhor profissional que seja, não está isento do esquecimento e de cometer equívocos. Além disso, sua capacidade de armazenamento de informações, por maior que seja, também é limitada.

Já a inteligência artificial, por outro lado, pode armazenar trocentas vezes mais informações, e isso com base nas experiências registradas de todas as operações feitas a partir do primeiro registro. Dá para imaginar o quão melhor será um robô desempenhando esse tipo de serviço?

Bem, se estamos falando aqui de máquinas substituindo uma das profissões mais prestigiadas e bem remuneradas do mundo, o que você acha que vai acontecer com profissões cuja capacitação não é tão desafiadora quanto um curso de medicina?

Em meio a esse cenário, muitos ficam preocupados com o futuro. Contudo o desenvolvimento da inteligência artificial não é motivo para pânico. A chegada das máquinas é bem-vinda para nos ajudar a fazer o que sabemos de melhor: ser humanos.

Cada novo robô executando tarefas repetitivas será mais uma vaga de trabalho monótona e tediosa que deixará de existir. Essa é uma excelente oportunidade para nos dedicarmos a desenvolver atributos exclusivamente humanos, como os sentimentos, a empatia e a criatividade. Portanto, não há motivo para desespero.

Por isso, o perfil generalista é o que mais se destacará em meio à era das máquinas. Os especialistas serão substituídos, enquanto os generalistas terão uma importância incalculável para lidar com questões que robô algum conseguirá.

5. Acerte mais do que erre.

Quando errar, erre rápido e conserte mais rápido ainda.

Não vivemos em um mundo ideal, vivemos em um mundo de possibilidades. Situações perfeitas são eventos que acontecem apenas em filmes. Esperar a situação ideal para agir é uma atitude que só possui um nome: tolice.

O grande desafio de ingressar, manter-se e conseguir destaque no mundo dinâmico em que vivemos é, sem dúvida, um dos maiores dilemas de quem não quer passar pela vida como apenas mais um. Mas com tanta informação disponível, como saber o que fazer? Como saber a hora certa de agir?

Todo erro que você comete o deixa um passo mais distante do sucesso, certo? Nem sempre. Obviamente, você deve evitar cometer equívocos, mas, querendo ou não, pisará na bola vez ou outra.

Assim, a melhor maneira de não deixar que a possibilidade de um erro o congele, o que é bem pior do que errar, é encarar a longa caminhada até o sucesso como um eterno aprendizado. Cada passo em falso que você dá serve para mostrar os pontos em que o terreno é frágil e que devem ser evitados.

Logo você começará a identificar padrões que reduzirão sua taxa de equívocos, e cada passo em falso, nesse contexto, colabora para ampliar sua percepção do que funciona e do que não funciona.

Além disso, ninguém está isento de cometer um deslize de vez em quando. O mais importante quando isso acontecer é consertar o erro o quanto antes e não abraçar a sensação de derrota, porque esse, sim, é um erro gravíssimo.

O resto é aprendizado. Fez besteira? Resolva o mais rápido que puder e continue atento para estar sempre aprendendo. A chave da questão é saber administrar os riscos de uma decisão. Como diz o ditado popular: "quanto mais alto o salto, maior a queda."

6. Trabalhe sempre com pessoas mais inteligentes e melhores do que você.

Do contrário, você estará jogando tempo e dinheiro fora.

É certo que a concorrência interna, por mais que faça parte da cultura de algumas empresas, não é bem-vista nem desejada pela maioria. Contudo, ela colabora fortemente para aumentar o desempenho da equipe.

Nós, como seres humanos, tendemos à procrastinação por uma questão de sobrevivência. Nosso corpo entende que, parados, estaremos mais seguros. Até que uma ameaça surge, fazendo com que o efeito seja o contrário: movimentamo-nos para sobreviver ao ataque iminente.

O mesmo acontece no ambiente organizacional. Se você está trabalhando com gente tão capacitada quanto você, ótimo. Se estiver em uma equipe com pessoas cujo desempenho é inferior, pule fora assim que tiver a chance. Melhor ser um subordinado da corte do que o rei dos pangarés.

Mas o ideal mesmo é buscar oportunidades de acelerar seu aprendizado com quem sabe mais do que você. Aprender com a *expertise* de quem já chegou lá e conhece os caminhos oferece a você a chance de pegar os atalhos e sair na frente.

Tenha a humildade de aprender com quem pode ensinar e dispense a companhia do pangaré, que tende a puxar o seu desempenho para baixo.

7. Execute rápido. Saiba a hora certa de parar.

**E lembre-se de que a pressa
passa e o desastre fica.**

Na euforia do momento, tendemos a agir com uma resposta emocional. Em determinadas ocasiões, certamente deixar a sua intuição guiá-lo é a melhor alternativa. No entanto, é fundamental entendermos que toda circunstância tem uma hora certa para acabar.

Veja, por exemplo, o que acontece com os investidores de curto prazo, também conhecidos como *day traders*. Eles compram algum ativo ponderando que seu preço subirá e, caso acabem segurando a operação por algumas horas a mais do que deveriam, acabam tendo prejuízo.

Assim também são os momentos da vida. Tudo tem um *timing* ideal e, como empreendedor, você deve aprender a captar esse *timing*, esse momento de entrar em uma situação e de sair dela.

Lembre-se sempre de que, depois da euforia, a pressa passa, mas as consequências da atitude tomada de cabeça quente podem permanecer durante um bom tempo.

A pressa é inimiga da perfeição, diz o ditado popular. Mas o perfeito irreal também é inimigo do bom consistente. Entre um sonho perfeito e um objetivo razoável, fique sempre com o segundo.

Euforia é para quem vive de apostas, que são atitudes baseadas em uma única variável: sorte.

8. Tenha filhos. A responsabilidade parental é motivadora e estimulante.

**Além disso, eles vão
diverti-lo muito.**

Você está em um dia tranquilo no trabalho quando é surpreendido pela notícia de que vai ser pai. A quantidade enorme de adrenalina liberada pelo seu sistema endócrino faz com que você perca a voz por alguns instantes. O medo toma conta.

Depois de ter se recuperado do choque, vem a preocupação. Logo você começa a ponderar que precisará de uma casa maior para criar seu menino da melhor maneira possível. Além disso, precisará também de um carro maior para levar a família para viajar, pois agora vocês são três.

A responsabilidade paternal, embora pareça uma preocupação (e acabe às vezes sendo de fato) é, na verdade, uma grande fonte de inspiração. Basta perguntar a qualquer homem realizado que impacto sua família e seus filhos tiveram em sua vida para verificar que essa não é apenas uma teoria.

Há momentos em que tudo à nossa volta parece estar ruindo. É nessa hora que sua família, e sobretudo seus filhos, estarão ao seu lado para o apoiar. A tarefa de viver sozinho funciona melhor para monges, nós precisamos é de afeto e suporte.

Obviamente, o medo pode até bater na sua porta quando você receber a notícia da sua esposa, mas não há nada tão motivador quanto um grande desafio. Quando a responsabilidade aumenta, você vai mais longe. E seus filhos vão adorar ir longe, assim com você.

9. Seja grato aos seus pais.

**Se não fosse por eles,
você não estaria aqui.**

Tem gente que adora colocar a culpa de tudo nos pais. Reclamam da falta de carinho, falam que não tiveram incentivo o suficiente e até mesmo reclamam por não terem recebido toda a atenção que mereciam.

A jornada dos seus pais, independentemente da idade que você tenha, foi certamente muito diferente da sua. Você entenderá melhor essa dinâmica quando tiver os próprios filhos e encarar o desafio. É muito prazeroso, mas com certeza não é fácil.

Valorize seus pais, pois você não sabe o que eles precisaram passar para cuidar de você, garantindo a você alimento, abrigo e escola. A vida nem sempre é exatamente como gostaríamos, e quanto mais cedo você aprender isso, mais cedo demonstrará gratidão até pelas coisas mais simples.

Ainda que não seja muito próximo deles, valorize-os da maneira que puder. Demonstre o quanto são importantes para você. Seja grato.

10. Faça caridade.

**E não ostente o fato.
Vai voltar em dobro, acredite.**

A verdadeira grandeza de um homem começa na sua humildade, em sua consciência de que existem outras pessoas no mundo que tiveram acesso a muito pouco ou quase nada. Olhar para essas pessoas é essencial.

Embora a humanidade tenha evoluído drasticamente, sobretudo nas últimas décadas, ainda há muito o que fazer para reduzir as mazelas do mundo. Voltar seu olhar às pessoas que mais precisam não é apenas necessário, mas um gesto de nobreza que fará bem a você e só retornará coisas positivas.

Nós, como indivíduos, devemos sempre ter em mente que a sociedade é resultado daquilo que cultivamos, direta ou indiretamente. Não existe nada mais arcaico do que mesquinharia.

11. Bônus: Reze diariamente, durma bem, alimente-se com qualidade e exercite-se regularmente.

Não é coisa de *coaching*, não.
São dicas valiosíssimas para uma vida melhor.

O autocuidado é um dos principais conceitos da contemporaneidade. O homem deixou de ser o coadjuvante da história daquelas pessoas a quem era subordinado para se tornar o dono de suas próprias decisões e conquistas. Assim, tudo o que fazemos (bom ou ruim) acaba sendo nossa própria e exclusiva responsabilidade.

As inovações tecnológicas das primeiras décadas no século XXI nos deram inúmeras oportunidade de questionar assuntos que, tempos antes, seriam repudiados e até mesmo proibidos. Vivemos uma era em que somos livres para fazer o que bem decidirmos da nossa vida.

Isso inclui, também, tomar péssimas decisões com relação a nós mesmos. Mas por que razão alguém faria isso, se cuidar de si mesmo nunca foi tão fácil?

Desde o cultivo de hobbies à prática de exercícios físicos, tudo foi facilitado pela era tecnológica. Ainda que você tenha um sonho inusitado e raro, certamente existe ou está sendo desenvolvido um aplicativo para ajudar você a realizar esse desejo de maneira organizada, com metas definidas e prazo para conclusão. Rezar, dormir, jogar futebol ou ler são hábitos que, em maior ou menor intensidade, todos cultivamos. E é ótimo que seja assim. Afinal, são esses afazeres que nos fazem sentir aquela imensa alegria pela vida.

A concepção de que alguém inteligente e bem orientado só pode ser ateu ficou no passado junto às crenças superficiais de que uma boa índole devia necessariamente estar associada a uma boa relação com determinada divindade. Hoje, somos livres para cultivar a fé que bem desejarmos.

No entanto, cabe ressaltar que cuidar da espiritualidade e ser religioso são duas coisas bem diferentes. Uma pode até estar associada a outra, mas não é via de regra. Cuide da sua espiritualidade para se conectar a um propósito maior, a algo que o inspire e alivie o peso dos seus ombros com relação a temas obscuros, como vida após a morte, sentido da existência etc. Sem esse cultivo da espiritualidade, essas coisas só servem para minar seu ânimo e tirar seu foco.

Outro fator importante (e amplamente negligenciado) quanto ao autocuidado é o sono. Muitas pessoas gostam de ostentar o fato de serem *workaholics* e de dormir quatro ou cinco horas por dia. Bem, a determinação é admirável mesmo, e não há nada de errado em ser *workaholic*. O grande problema é que, em longo prazo, o preço que se paga é altíssimo e não compensa o tempo investido.

Estudos apontam a falta de sono como um dos principais potencializadores da falta de memória na terceira idade e da falta de atenção durante a vida ativa. Você pode até achar que algumas horas não farão diferença ou que ter hábitos noturnos é produtivo, mas não se engane: não há nada tão precioso quanto sua saúde, e isso inclui boas noites de sono.

Além do sono, quando a saúde é a tônica do debate, a alimentação não pode ficar de fora. Obviamente, uma pizza no final de semana com a família e um hambúrguer artesanal vez ou outra não vão prejudicar sua vida, mas vale salientar que viver à base de *fast food* só serve para fechar seu caixão mais cedo.

Junto com a alimentação, é de fundamental importância que você rejeite o sedentarismo e se exercite com regularidade. Tênis, CrossFit, academia e ciclismo são algumas das inúmeras atividades que você pode praticar com regularidade e que só oferecem benefícios à saúde.

Autocuidado nunca é demais. Sua saúde e seu humor agradecem.

SOBRE O AUTOR

Marcelo Smarrito é graduado em engenharia de produção pela Universidade Federal do Rio de Janeiro, com pós-graduação em Marketing Management pela Liverpool John Moores University. Sua experiência como gestor e *advisor* de grandes empresas fala por si só.

De tecnologia à saúde, passando por fitness e *fintechs*, Smarrito sabe o que fazer para levar uma organização ao seu melhor desempenho em meio aos cenários mais improváveis e desafiadores.

Além da experiência como empreendedor, Smarrito é casado, pai de duas filhas, adora viajar, medita e pratica atividades físicas regularmente.

194

Conheça mais sobre o autor visitando as plataformas digitais:

www.smarrito.com.br
@smarrito.oficial

ÍNDICE

SÍMBOLOS

3G Capital, *98*

A

Academia Foguete, *4, 95, 104, 106–108*
adaptabilidade, *40*
Aldous Huxley, *41*
algoritmos, *58–59, 181*
aplicativo BTFIT, *96–109*
Armando Buchina, *31, 40*
autoconhecimento, *54*
autocuidado, *190*
automatização, *21*
autonomia, *65*
avatar, *36*

B

bem-estar, *129*
Big Brain, *128*
big companies, *4, 10, 28, 46, 69, 70, 79, 112–113, 133, 166*
Bitcoin, *3, 84–85*
Blockbuster, *80, 113*
blockchain, *3*
Bodytech, *86, 96, 99*
bolsa de valores, *8*
brick-and-mortar, *10*
Burguer King, *87–88*
burocracia, *70, 127*

C

caridade, *189*
Cartoon Network, *169*
Chega de Bullying, *169*

Clemente Nobrega, *125, 128*

coronavírus, *136*

Covid-19, *38, 95, 117, 151*

coworking, *63, 150*

criatividade, *17*

Cynthia Betti, *161, 170*

D

day traders, *186–188*

Deloitte, *139*

design thinking, *57, 60, 89, 119*

digital wallet, *3, 87*

dinheiro virtual, *85*

diploma holístico, *25*

E

empreendedor, *16*

entidades sem fins lucrativos, *164*

era da indústria 4.0, *8*

espiritualidade, *191*

experiência, *137*

F

Fábio Fonseca, *67*

Fábio Gastal, *111, 114, 127*

Finch Soluções, *43*

fintechs, *3, 85, 88, 93, 116*

fitnesstech, *4*

flexibilidade, *113*

flexibilização, *70–71*

foco no cliente, *45*

FOMO, *12*

fracasso, *16, 76*

freeze, *76*

G

generalista, *25, 40, 181, 183*

geração X, *68*

Go Digital, *89*

Grupo In Press, *143, 152–153*

H

hard skills, *79, 89*

Havik, *73*

headhunters, *79*

headhunting, *73*

healthcare, *138*

holder, *83*

holding, *153*

home brokers, *13*

home office, *8, 63, 141*

Hotmart, *106*

I

iFood, *177*

imprevisibilidade, *53*

Indústria 4.0, *84–85*

Innovatrix, *125, 128*

inteligência artificial, *41, 50, 181, 181–183*

ITIX, *46*

J

JBM Advogados, *43*

K

Kiki Moretti, *143, 152*

L

lifelong learning, *11, 20, 29, 51, 78, 178–179*

Livework, *60, 62*

livre-arbítrio, *45*

lockdown, *96, 102, 105*

Luis Alt, *53, 60*

Luis Fernando Joaquim, *139*

M

machine learning, *181*

Marcelo Zalcberg, *3, 83, 112*

marketing digital, *46*

marketplaces, *59*

metaverso, *38–39*

microcertificações, *179*

mindset, *40, 48, 50, 65, 88, 106, 123*

moedas digitais, *84–85*

Mônica Granzo, *144*

multitarefa, *40*

mundos virtuais, *36*

N

nanodegrees, *179*

Neal Stephenson, *38*

Netflix, *79–80, 97, 113*

NFT, *3, 93*

O

on demand, *97*

ONG, *161, 164, 171*

P

pandemia, *38, 112, 118, 141, 152, 155*

pós-pandemia, *139, 152*

personal trainer online, *100*

perspectiva humanista, *142*

PicPay, *3, 87–89, 93–94*

pivotagem, *149, 152*

Plan International, *161, 169*

players, *55, 62, 85*

problem solving, *128, 142, 178*

processos lean, *4*

procrastinação, *185*

projeto Stormia, *118–124*

R

redes sociais, *38, 45, 100*

reinventar, *17*

resultado, *55–56*

Ricardo Lapa, *95, 105*

Ricardo Rodriguez, *46*

Roberta Smarrito, *156*

S

saúde 5.0, *48*

Seguros Unimed, *3, 111–124, 127*

selva de pedra, *7*

Sérgio Baiocchi, *134*

skills, *71, 79, 89*

Smarkets, *144, 148, 151*

smart, *21–22*

smartização, *116*

soft skills, *79*

stakeholders, *119*

startup, *4, 10, 28, 40, 68, 70, 79–81, 99, 107–108, 114, 128, 132, 145, 148, 152, 166*

Stormia, *112–124*

sucesso, *80*

T

taylorismo, *57*

tech company, *33*

telemedicina, *132, 139*

terceiro setor, *164*

Tesla, *21*

timing, *186*

TOTVS, *40*

U

unicorn companies, *114*

unicórnio verde, *111*

Unimed, *133–142*

Unimed Goiânia, *134–136*

UNIO, *48*

V

venture builders, *116*

W

wellness, *138*

workaholics, *191*

working in progress, *51, 54*

workplaces, *35*

Z

zona de conforto, *41–42*

Projetos corporativos e edições personalizadas
dentro da sua estratégia de negócio. Já pensou nisso?

Coordenação de Eventos
Viviane Paiva
viviane@altabooks.com.br

Assistente Comercial
vendas.corporativas@altabooks.com.br

A Alta Books tem criado experiências incríveis no meio corporativo. Com a crescente implementação da educação corporativa nas empresas, o livro entra como uma importante fonte de conhecimento. Com atendimento personalizado, conseguimos identificar as principais necessidades, e criar uma seleção de livros que podem ser utilizados de diversas maneiras, como por exemplo, para fortalecer relacionamento com suas equipes/ seus clientes. Você já utilizou o livro para alguma ação estratégica na sua empresa?

Entre em contato com nosso time para entender melhor as possibilidades de personalização e incentivo ao desenvolvimento pessoal e profissional.

PUBLIQUE
SEU LIVRO

Publique seu livro com a Alta Books. Para mais informações envie um e-mail para: autoria@altabooks.com.br

 /altabooks
  /alta-books
  /altabooks
 /altabooks

CONHEÇA OUTROS LIVROS DA **ALTA BOOKS**

Todas as imagens são meramente ilustrativas.

Este livro foi impresso nas oficinas gráficas da Editora Vozes Ltda.,
Rua Frei Luís, 100 – Petrópolis, RJ.